BENEDIKT XVI.

An der Hand Mariens

Den Rosenkranz beten

BENEDIKT XVI.

An der Hand Mariens

Den Rosenkranz beten

Sankt Ulrich Verlag

Bibliographische Information der Deutschen Bibliothek

Die Deutsche Bibliothek verzeichnet diese Publikation in der Deutschen Nationalbibliographie; detaillierte bibliographische Daten sind im Internet über http://dnb.ddb.de abrufbar.

Titelbild: Stefano Spaziani
Umschlaggestaltung: uv media werbeagentur
Mediengruppe Sankt Ulrich Verlag, Augsburg
Druck und Bindung: Freiburger Graph. Betriebe, Freiburg
Printed in Germany
ISBN 978-3-86744-089-9
www.sankt-ulrich-verlag.de

INHALT

Die Gottesmutter begleitet uns jeden Tag in unserem Gebet

Liebe Freunde, den heiligen Rosenkranz betend, seid ihr zur Lourdes-Grotte heraufgegangen und habt gleichsam die Einladung der Jungfrau befolgt, den Geist zum Himmel zu erheben. Die Gottesmutter begleitet uns jeden Tag in unserem Gebet. In diesem Jahr der Eucharistie, das wir derzeit begehen, hilft uns Maria vor allem, das erhabene Sakrament der Eucharistie zu entdekken. Der geliebte Papst Johannes Paul II. hat uns in seiner letzten Enzyklika *Ecclesia de Eucharistia* Maria in ihrem ganzen Leben als »eucharistische Frau« vorgestellt (vgl. Nr. 53). Sie war im tiefsten Innern »eucharistische Frau«, schon in ihrer inneren Haltung: bei der Verkündigung, als sie sich selbst für die Menschwerdung des Wortes Gottes anbot, dann unter dem Kreuz und bei der Auferstehung; und sie war »eucharistische Frau« in der Zeit nach Pfingsten, als sie im Sakrament jenen Leib empfing, den sie im Schoß empfangen und getragen hatte.

Heute wollen wir mit der Liturgie insbesondere das Geheimnis des Besuches der Jungfrau bei der heiligen Elisabeth betrachten. Maria begibt sich zu ihrer betagten Cousine Elisabeth, von der alle sagten, sie sei unfruchtbar, und die doch im sechsten Monat einer von Gott geschenkten Schwangerschaft stand (vgl. Lk 1,36), und Maria trägt in ihrem Schoß den soeben empfangenen Jesus. Sie ist eine junge Frau, aber sie hat keine Angst, denn Gott ist mit ihr, er ist in ihr. In gewisser Weise können wir sagen, daß ihr Weg – und das unterstreichen wir gerne in diesem Jahr der Eucharistie – die erste »eucharistische Prozession« der Geschichte war. Als lebendiger Tabernakel des fleischgewordenen Gottes ist Maria die Bundeslade, in der der Herr sein Volk besucht und erlöst hat. Die Gegenwart Jesu erfüllt sie mit Heiligem Geist. Als sie in das Haus von Elisabeth eintritt, ist ihr Gruß von Gnade durchströmt: Johannes hüpft vor Freude im Mutterleib, weil er gleichsam die Ankunft dessen spürt, den er einmal dem Volk Israel ankündigen wird. Es freuen sich die Kinder, und es freuen sich die Mütter. Diese von der Freude des Heiligen Geistes durchdrungene Begegnung findet ihren Ausdruck im Gesang des *Magnificat*.

Ist dies nicht auch die Freude der Kirche, die Christus in der heiligen Eucharistie unaufhörlich empfängt und ihn in die Welt trägt durch das Zeugnis der tätigen Nächstenliebe, die von Glaube und Hoffnung erfüllt ist? Ja, Jesus empfangen und ihn zu den anderen zu tragen, das ist die wahre Freude des Christen! Liebe Brüder und Schwestern, folgen wir Maria, und ahmen wir sie nach, ihre tief eucharistische Gesinnung, und unser ganzes Leben kann ein *Magnificat* (vgl. *Ecclesia de Eucharistia,* 58), ein Lobpreis Gottes, werden. Das ist die Gnade, die wir gemeinsam heute abend von der allerseligsten Jungfrau zum Abschluß des Maienmonats erbitten. Euch allen erteile ich meinen Segen.

Die Muttergottes vom Rosenkranz

Besonders vertrauensvoll beten wir zur allerseligsten Jungfrau Maria, die wir am kommenden 7. Oktober unter dem Titel »Muttergottes vom Rosenkranz« verehren werden. Der Monat Oktober ist dem heiligen Rosenkranz gewidmet, einem einzigartigen, kontemplativen Gebet, mit dem wir, von der himmlischen Mutter des Herrn geleitet, unseren Blick auf das Antlitz des Erlösers richten, um seinem Geheimnis der Freude, des Lichts, der Schmerzen und der Verherrlichung angeglichen zu werden. Dieses alte Gebet erlebt gegenwärtig eine neue, gleichsam von der Vorsehung gewollte Blüte, nicht zuletzt dank des Beispiels und der Lehre des verehrten Papstes Johannes Paul II. Ich lade euch ein, noch einmal sein Apostolisches Schreiben *Rosarium Virginis Mariae* zu lesen und seine Weisungen persönlich, in der Familie und auf gemeinschaftlicher Ebene in die Tat umzusetzen. Der Jungfrau Maria vertrauen wir die Arbeiten der Synode an: Möge sie die ganze Kirche zu einem immer stärkeren Bewußtsein ihrer Sendung im Dienst des Erlösers führen, der im Sakrament der Eucharistie wirklich gegenwärtig ist.

Einen schönen Sonntag und eine gute Woche euch allen! Danke!

In der Schule der Mutter – der Rosenkranz Johannes Pauls II.

Vor 27 Jahren, an einem Tag wie heute, berief der Herr den damaligen Kardinal Karol Wojtyla, Erzbischof von Krakau, als Nachfolger von Johannes Paul I., der bereits etwas mehr als einen Monat nach seiner Wahl gestorben war. Mit Johannes Paul II. begann eines der längsten Pontifikate der Kirchengeschichte, in dessen Verlauf ein Papst »aus einem fernen Land« auch von vielen Nichtchristen und Nichtgläubigen als moralische Autorität anerkannt wurde, wie die bewegenden Bekundungen der Zuneigung während seiner Krankheit und die aufrichtige Anteilnahme nach seinem Tod gezeigt haben. An seinem Grab in den Vatikanischen Grotten setzt sich der Pilgerzug zahlloser gläubiger Menschen ununterbrochen fort, und auch dies ist ein beredtes Zeichen dafür, wie sehr der verehrte Johannes Paul II. die Herzen der Menschen erobert hat, vor allem durch sein Zeugnis der Liebe und der Hingabe im Leiden. In ihm konnten wir die

Kraft des Glaubens und des Gebets bewundern, wie auch die vollkommene Hingabe an die allerseligste Jungfrau Maria, die ihn stets begleitet und beschützt hat, besonders in den schwierigsten und dramatischsten Stunden seines Lebens.

Wir könnten Johannes Paul II. charakterisieren als einen Papst, der sich ganz Jesus geweiht hat durch Maria, wie es sein Wappenspruch »Totus tuus« so treffend zum Ausdruck brachte. Er wurde mitten im Rosenkranzmonat gewählt, und der Rosenkranz, den er oft in den Händen hielt, wurde zu einem der Kennzeichen seines Pontifikats, über das die Unbefleckte Jungfrau mit mütterlicher Fürsorge wachte. Über Radio und Fernsehen konnten die Gläubigen der ganzen Welt sich ihm oft bei diesem Mariengebet anschließen und konnten – dank seines Vorbilds und seiner Lehren – dessen authentischen, kontemplativen und christologischen Sinn wiederentdecken (vgl. *Rosarium Virginis Mariae*, 9–17). Der Rosenkranz steht der Betrachtung des Wortes Gottes und dem liturgischen Gebet keineswegs entgegen, sondern er stellt deren natürliche und ideale Ergänzung dar, vor allem als Vorbereitung und Danksagung für die Eucharistiefeier. Christus, dem wir im Evangelium und im Sakrament begegnet sind, betrachten wir mit Maria in seinen verschiedenen Lebensabschnitten durch die freudenreichen, lichtreichen, schmerzhaften und glorreichen Geheimnisse. In der Schule der Mutter lernen wir somit, ihrem göttlichen Sohn ähnlich zu werden und ihn durch unser eigenes Leben zu verkünden. Wenn die Eucharistie für den Christen der Mittelpunkt des Tages ist, dann trägt der Rosenkranz auf vorzügliche Weise zur Erweiterung der Gemeinschaft mit Christus bei und erzieht uns dazu, in unserem Leben den Blick des Herzens auf Ihn zu richten, um seine barmherzige Liebe auf alle und alles auszustrahlen.

Kontemplativ und missionarisch: So war der geliebte Papst Johannes Paul II. So war er dank seiner innigen Verbindung zu Gott, die er täglich durch die Eucharistie und ausgedehnte Gebetszeiten nährte. Zur Stunde des Angelus, die ihm so wichtig war, ist es eine schöne Pflicht, am heutigen Jahrestag an ihn zu erinnern, und wir danken Gott von neuem dafür, daß er der Kirche und der Welt einen so würdigen Nachfolger des Apostels Petrus geschenkt hat. Die Jungfrau Maria helfe uns, sein kostbares Erbe treu zu bewahren.

Die Muttergottes von der Göttlichen Liebe

Es ist für mich Grund des Trostes und der Stärkung, heute bei euch zu sein, um in diesem Heiligtum der »Muttergottes von der Göttlichen Liebe« den heiligen Rosenkranz zu beten. Dieses Heiligtum ist Ausdruck der frommen Zuneigung zur Jungfrau Maria, die in der Seele und der Geschichte der Bevölkerung Roms tief verwurzelt ist. Besonders freut mich der Gedanke, daß ich auf diese Weise die Erfahrung meines geliebten Vorgängers Johannes Paul II. erneuere, der nun vor genau 27 Jahren, am 1. Mai 1979, diesem Wallfahrtsort seinen ersten Besuch als Papst abstattete.

(...) Wir haben den heiligen Rosenkranz gebetet und dabei die fünf »freudenreichen« Geheimnisse betrachtet, die die Anfänge unseres Heils vor den Augen unseres Herzens vorbeiziehen lassen, von der durch den Heiligen Geist bewirkten Empfängnis Jesu im Schoß der Jungfrau Maria bis zum Wiederauffinden des nun bereits zwölfjährigen Jesus im Tempel von Jerusalem, wo er den Lehrern zuhörte und ihnen Fragen stellte. Wir haben die Worte des Engels gehört: »Freue dich, Maria, du Begnadete, der Herr ist mit dir«, und haben sie uns zu eigen gemacht, ebenso wie die Worte, mit denen die heilige Elisabeth die Jungfrau Maria empfing, die sich sogleich aufgemacht hatte, um ihr zu helfen und ihr zu dienen: »Du bist gebenedeit unter den Frauen, und gebenedeit ist die Frucht deines Leibes«. Wir haben den fügsamen Glauben Marias betrachtet, die Gott vorbehaltlos vertraut und sich vollkommen in seine Hände legt. Auch wir haben uns, mit den Hirten, dem in der Krippe liegenden Jesuskind nahe gefühlt und haben in ihm den ewigen Sohn Gottes, der aus Liebe unser Bruder und so auch unser einziger Erlöser geworden ist, erkannt und angebetet. Auch wir sind, mit Maria und Josef, in den Tempel eingetreten, um das Kind Gott zu weihen und den Reinigungsritus zu vollziehen. Hier hörten wir, wie uns in den Worten des alten Simeon zusammen mit dem Heil der Widerspruch und das Kreuz angekündigt wurden, ebenso wie jenes Schwert, das unter dem Kreuz des Sohnes durch die Seele der Mutter dringen wird: und eben auf diese Weise wird sie nicht nur zur Mutter Gottes, sondern auch zu unser aller Mutter.

Liebe Brüder und Schwestern, in diesem Heiligtum verehren wir die allerseligste Jungfrau Maria mit dem Titel »Muttergottes von der Göttlichen Liebe«. So wird das Band, das Maria vom Anfang ihres Daseins an mit dem Heiligen Geist verbindet, ins volle Licht gerückt: Bei ihrer Empfängnis nahm der Geist, die ewige Liebe des Vaters und des Sohnes, in ihr seine Wohnung und bewahrte sie vor jeglicher Sünde; dann ließ der gleiche Geist den Gottessohn in ihrem Schoß entstehen; weiterhin fand im gesamten Verlauf ihres Lebens durch die Gnade des Geistes der Ausspruch Marias: »Ich bin die Magd des Herrn« vollkommene Erfüllung; und schließlich wurde Maria in der Kraft des Heiligen Geistes mit ihrer ganzen konkreten Menschennatur neben dem Sohn in die Herrlichkeit Gottes, des Vaters, aufgenommen.

»Maria«, so habe ich in der Enzyklika *Deus caritas est* geschrieben, »ist eine Liebende (...) Als Glaubende und im Glauben mit Gottes Gedanken denkend, mit Gottes Willen wollend kann sie nur eine Liebende sein« (Nr. 41). Ja, liebe Brüder und Schwestern, Maria ist die Frucht und das Zeichen der Liebe Gottes zu uns, seiner Zärtlichkeit und seines Erbarmens. Deshalb wenden wir uns in unseren Bedürfnissen und Hoffnungen, in den freudigen und schmerzlichen Ereignissen unseres Lebens an sie, gemeinsam mit unseren Brüdern und Schwestern im Glauben an allen Orten und aller Zeiten. Meine Gedanken gehen in diesem Augenblick mit tiefer Anteilnahme zu der Familie auf der Insel Ischia, die vom gestrigen Unglück getroffen ist.

Mit dem Monat Mai steigt die Zahl derer, die aus den römischen Pfarrgemeinden, aber auch aus vielen anderen Gegenden hierher pilgern, um zu beten und auch um die Schönheit und erholsame Ruhe dieses Ortes zu genießen. Von hier, von diesem Heiligtum der »Muttergottes von der göttlichen Liebe« erhoffen wir uns also kraftvolle geistliche Hilfe und Unterstützung für die Diözese Rom, für mich als ihren Bischof und für die anderen Bischöfe, meine Mitarbeiter, für die Priester, für die Familien, für die Berufungen, für die Armen, die Leidenden und die Kranken, für die Kinder und die alten Menschen, für die ganze geliebte italienische Nation. Wir erhoffen uns besonders die innere Kraft, das Gelöbnis einzulösen, das die Römer am 4. Juni 1944 machten, als sie die Muttergottes von der Göttlichen Liebe feierlich baten, diese Stadt vor den Schrecken des Krieges zu bewahren, und erhört wurden: das Gelöbnis und das Versprechen, das eigene sittliche Verhalten zu korrigieren und zu verbessern, um es der Haltung Jesu immer ähnlicher zu machen. Auch heute ist die Bekehrung zu Gott – zu Gott, der die Liebe ist – notwendig, damit die Welt von Krieg und Terrorismus befreit werde. Daran erinnern uns leider die Opfer, wie die am vergangenen Donnerstag im irakischen Nasirije gefallenen Soldaten, die wir der mütterlichen Fürsprache Marias, Königin des Friedens, anvertrauen.

Liebe Brüder und Schwestern, in diesem Heiligtum der Muttergottes von der Göttlichen Liebe erneuere ich daher die Einladung, die ich schon in der Enzyklika *Deus caritas est* (vgl. Nr. 39) ausgesprochen habe: Verwirklichen wir die Liebe und lassen wir damit das Licht Gottes in die Welt ein! Amen!

Wo immer Maria ist, da ist auch Jesus

Gerne schließe ich mich euch am Ende dieses eindrucksvollen marianischen Gebetstreffens an. Wir bringen auf diese Weise vor der Lourdes-Grotte in den Vatikanischen Gärten den Monat Mai zum Abschluß. Er war in diesem Jahr geprägt vom Empfang der Statue der Gottesmutter von Fatima auf dem Petersplatz am 25. Jahrestag des Attentats auf unseren geliebten Johannes Paul II. sowie von der Apostolischen Reise, die mich dem Willen des Herrn entsprechend nach Polen geführt hat, wo ich jene Orte besuchen konnte, die meinem großen Vorgänger so sehr am Herzen lagen. Von dieser Pilgerreise, von der ich heute morgen bei der Generalaudienz gesprochen habe, kommt mir jetzt besonders der Besuch im Heiligtum von Jasna Góra in Tschenstochau in Erinnerung, wo mir noch deutlicher bewußt geworden ist, wie sehr unsere himmlische Fürsprecherin den Weg ihrer Kinder begleitet und die Bitten nicht unerhört läßt, die mit Demut und Vertrauen an sie gerichtet werden. Gemeinsam mit euch möchte ich ihr noch einmal dafür danken, daß sie bei meinem Besuch in das liebe Polen an meiner Seite war. Ich möchte Maria auch meine Dankbarkeit dafür zum Ausdruck bringen, daß sie mich im täglichen Dienst für die Kirche trägt. Ich weiß, daß ich in jeder Situation auf sie zählen kann, mehr noch, ich weiß, daß sie mit mütterlichem Gespür jedem Bedürfnis ihrer Kinder zuvorkommt und wirksam eingreift, um ihnen beizustehen: Das ist die Erfahrung, die das christliche Volk seit seinen Anfängen in Jerusalem gemacht hat.

Am heutigen Fest »Mariä Heimsuchung« ebenso wie in jedem Abschnitt des Evangeliums sehen wir Maria fügsam gegenüber dem göttlichen Plan und in einer Haltung fürsorglicher Liebe gegenüber den Brüdern. Noch voll Staunen über das, was der Erzengel Gabriel ihr verkündet hat – daß sie die Mutter des verheißenen Messias werden soll –, erfährt das demütige Mädchen aus Nazareth, daß auch ihre betagte Verwandte Elisabeth noch in ihrem Alter ein Kind erwartet. Sofort machte sie sich auf den Weg, wie der Evangelist berichtet (vgl. Lk 1,39), und »eilte« zum Haus der Kusine, um sich ihr in einem Augenblick, in dem es besonders notwendig war, zur Verfügung zu stellen. Wie sollte man nicht bemerken, daß es bei der Begegnung zwischen der jungen Maria und der schon reifen Elisabeth vor allem Jesus ist, der im Verborgenen handelt? Maria trägt ihn in ihrem Leib wie in einem Tabernakel und bietet ihn Zacharias, seiner Frau Elisabeth und auch dem Kind, das in deren Schoß heranwächst, als das größte Geschenk an. »In dem Augenblick, als ich deinen Gruß hörte, hüpfte das Kind vor Freude in meinem Leib«, sagt die Mutter Johannes' des Täufers (Lk 1,44). Wo immer Maria ist, da ist auch Jesus. Wer sein Herz der Mutter öffnet, begegnet dem Sohn und nimmt ihn auf und wird erfüllt von seiner Freude. Nie trübt oder mindert die wahre Marienverehrung den Glauben an unseren Erlöser Jesus Christus und die Liebe zu ihm, dem einzigen Mittler zwischen Gott und den Menschen. Im Gegenteil, die vertrauensvolle Hingabe an die Muttergottes ist der beste, von zahlreichen Heiligen erprobte Weg einer treueren Nachfolge des Herrn. Vertrauen wir uns ihr also in kindlicher Ergebenheit an!

Mit diesen Empfindungen grüße ich herzlich jeden von euch (...) Möge die mütterliche Fürsprache der Königin der Heiligen für alle Jünger Christi das Geschenk eines starken Glaubens und eines unerschütterlichen Zeugnisses für das Evangelium erwirken. Euch allen erteile ich meinen Segen, in den ich gerne die euch nahestehenden Personen einschließe, besonders die alten und kranken Menschen und all jene, die in Not sind.

Heilige Maria, Mutter Gottes,
du hast der Welt
das wahre Licht geschenkt,
Jesus, deinen Sohn — Gottes Sohn.
Du hast dich ganz
dem Ruf Gottes überantwortet
und bist so zum Quell der Güte geworden,
die aus ihm strömt.
Zeige uns Jesus. Führe uns zu ihm.
Lehre uns ihn kennen und ihn lieben,
damit auch wir selbst
wahrhaft Liebende
und Quelle lebendigen Wassers
werden können
inmitten einer dürstenden Welt.

Unsere Liebe Frau vom Rosenkranz

Heute, am ersten Tag im Oktober, möchte ich auf zwei Aspekte eingehen, die in der Gemeinschaft der Kirche diesen Monat kennzeichnen: das Rosenkranzgebet und der Einsatz für die Missionen. Am kommenden Samstag, dem 7. Oktober, werden wir den Gedenktag Unserer Lieben Frau vom Rosenkranz feiern, und es ist, als würde die Muttergottes uns jedes Jahr einladen, die Schönheit dieses so einfachen und tiefen Gebets aufs neue zu entdecken. Der geliebte Papst Johannes Paul II. war ein großer Apostel des Rosenkranzes: Wir haben ihn noch vor Augen, wie er mit dem Rosenkranz in den Händen niederkniete, ganz in die Betrachtung Christi vertieft, wozu er in seinem Apostolischen Schreiben *Rosarium Virginis Mariae* aufgerufen hat. Der Rosenkranz ist ein kontemplatives, christozentrisches Gebet und nicht von der Meditation über die Heilige Schrift zu trennen. Es ist das Gebet des Christen, der in der Nachfolge Jesu auf der Pilgerfahrt des Glaubens ist, auf der ihm Maria vorausgeht. Ich möchte euch einladen, liebe Brüder und Schwestern, während dieses Monats den Rosenkranz zu beten: in der Familie, in den Gemeinschaften und Pfarreien für die Anliegen des Papstes, für die Mission der Kirche und für den Frieden in der Welt.

Der Oktober ist auch der Missionsmonat, und am Sonntag, dem 22., werden wir den Weltmissionstag begehen. Die Kirche ist ihrem Wesen nach missionarisch. »Wie mich der Vater gesandt hat, so sende ich euch« (Joh 20,21), sagte der auferstandene Jesus zu den Aposteln im Abendmahlssaal. Die Sendung der Kirche setzt die Sendung Christi fort: allen Menschen die Liebe Gottes zu bringen und sie mit Worten und dem konkreten Zeugnis der Nächstenliebe zu verkünden. In der Botschaft zum kommenden Weltmissionssonntag habe ich die Nächstenliebe als »Seele der Mission« dargelegt. Der heilige Völkerapostel Paulus schrieb: »Die Liebe Christi drängt uns« (2 Kor 5,14). Möge sich jeder Christ diese Worte zu eigen machen in der freudigen Erfahrung, ein Missionar der Liebe zu sein an dem Ort, an den die Vorsehung ihn gestellt hat, mutig und mit Demut, indem er dem Nächsten ohne Hintergedanken dient und die Kraft zur frohen und tätigen Nächstenliebe aus dem Gebet schöpft (vgl. *Deus caritas est*, 32–39).

Die heilige Jungfrau und Kirchenlehrerin, die Karmelitin Therese vom Kinde Jesu, derer wir heute gedenken, ist die Patronin der Missionen, zusammen mit dem heiligen Franz Xaver. Sie hat die vertrauensvolle Hingabe an die Liebe Gottes als »einfachen« Weg zur Heiligkeit aufgezeigt, und sie möge uns helfen, glaubhafte Zeugen des Evangeliums der Liebe zu sein. Maria, Unsere Liebe Frau vom Rosenkranz und Königin der Missionen, führe uns alle zu Christus, dem Erlöser.

Bleibt in der Schule Marias!

1. Wie die Apostel zusammen mit Maria in das Obergemach hinaufgingen und dort einmütig im Gebet verharrten (vgl. Apg 1,13–14), so haben auch wir uns heute hier im Heiligtum Unserer Lieben Frau von Aparecida versammelt, das in dieser Stunde für uns das »Obergemach« ist, wo Maria, die Mutter des Herrn, unter uns ist. Sie ist es, die heute unsere Meditation leitet; sie ist es, die uns beten lehrt. Sie ist es, die uns zeigt, wie wir unsere Sinne und unsere Herzen der Macht des Heiligen Geistes öffnen sollen, der kommt, um der ganzen Welt mitgeteilt zu werden.

Wir haben soeben den Rosenkranz gebetet. Durch dessen Meditationszyklen will uns der göttliche Tröster in die Erkenntnis Christi einführen, die aus der klaren Quelle des Textes des Evangeliums strömt. Die Kirche des dritten Jahrtausends nimmt sich ihrerseits vor, den Christen die Fähigkeit zu bieten, »das göttliche Geheimnis zu erkennen, das Christus ist, in dem alle

Schätze der Weisheit und Erkenntnis verborgen sind« (Kol 2,2–3), wie der Apostel Paulus sagt. Maria, die reine und unbefleckte Jungfrau, ist für uns Schule des Glaubens, die dazu bestimmt ist, uns zu leiten und uns Kraft zu geben auf dem Weg, der zum Schöpfer des Himmels und der Erde führt. Der Papst ist mit großer Freude nach Aparecida gekommen, um euch vor allem zu sagen: »Bleibt in der Schule Marias«. Inspiriert euch an ihren Lehren; versucht in eurem Herzen das Licht aufzunehmen und zu bewahren, das sie euch in göttlichem Auftrag von oben sendet.

Wie schön ist es, hier im Namen Christi, im Glauben, in der Geschwisterlichkeit, in der Freude, im Frieden und »im Gebet mit Maria, der Mutter Jesu« (Apg 1,14), vereint zu sein.

(...)

7. Ich wende mich mit großer Hoffnung an euch alle, die ihr in dieser imposanten Basilika versammelt seid, und an all jene, die draußen am Rosenkranzgebet teilgenommen haben; ich möchte euch einladen, zutiefst Missionare zu werden und die Frohe Botschaft des Evangeliums in alle Himmelsrichtungen Lateinamerikas und der Welt zu tragen.

Bitten wir die Mutter Gottes, Unsere Liebe Frau von Aparecida, daß sie das Leben aller Christen behüte. Sie, die der Stern der Evangelisierung ist, lenke unsere Schritte auf dem Weg zum himmlischen Reich.

»Unsere Mutter, beschütze die brasilianische und lateinamerikanische Familie!

Behüte unter deinem Schutzmantel die Kinder dieses geliebten Vaterlandes, das uns beherbergt.

Du bist Anwältin bei deinem Sohn Jesus, gib dem brasilianischen Volk beständigen Frieden und vollen Wohlstand;

Gieße in unsere Brüder und Schwestern aller Länder Lateinamerikas wahren missionarischen Eifer ein, der den Glauben und die Hoffnung verbreitet;

gib, daß dein Ruf, der in Fatima zur Bekehrung der Sünder erklang, Wirklichkeit werde und das Leben unserer Gesellschaft verwandle,

und du, die du vom Heiligtum von Guadalupe aus für das Volk des Kontinents der Hoffnung Fürsprache einlegst, segne seine Länder und all seine Familien.

Amen«.

Maria – Vollendung der Nächstenliebe

Liebe Brüder und Schwestern, mit Freude schließe ich mich euch am Ende dieser immer so eindrucksvollen Marienandacht an, mit der wir im Vatikan am liturgischen Fest der Heimsuchung Marias den Monat Mai beschließen. Mit brüderlicher Zuneigung grüße ich die hier anwesenden Kardinäle und Bischöfe, und ich danke dem Erzpriester der Petersbasilika, Erzbischof Angelo Comastri, der dieser Feier vorstand. Ich grüße die Priester, die Ordensmänner und Ordensfrauen, im besonderen die Nonnen des Klosters »Mater Ecclesiae« im Vatikan, sowie die vielen Familien, die an dieser Andacht teilnehmen. Während ihr die lichtreichen Geheimnisse des heiligen Rosenkranzes betrachtet habt, seid ihr auf diesen Hügel hinaufgezogen, wo ihr anhand des Berichts des Evangelisten Lukas im Geiste die Erfahrung Marias nachempfunden habt, die sich von Nazareth in Galiläa auf den Weg machte und in eine Stadt im Bergland von Judäa eilte (vgl. Lk 1,39), wo Elisabeth mit ihrem Mann Zacharias lebte.

Was hat Maria, die junge Frau, dazu bewogen, diese Reise zu unternehmen? Was führte sie insbesondere dazu, sich selbst zu vergessen und sich in den ersten drei Monaten ihrer Schwangerschaft in den Dienst ihrer Kusine zu stellen, die ihre Hilfe brauchte? Die Antwort steht in einem Psalm geschrieben: »Ich eile voran auf dem Weg deiner Gebote [Herr], denn mein Herz machst du weit« (Ps 119,32). Der Heilige Geist, der den Sohn Gottes in Maria Fleisch annehmen ließ, machte ihr Herz so weit wie das Herz Gottes und führte sie auf den Weg der Nächstenliebe. Die Heimsuchung Marias erklärt sich im Licht jenes Ereignisses, das dem Bericht aus dem Lukasevangelium vorangeht: die Verkündigung des Engels und die Empfängnis Jesu durch das Wirken des Heiligen Geistes. Der Geist kam auf die Jungfrau herab, und die Kraft des Höchsten überschattete sie (vgl. Lk 1,35). Und eben dieser Geist veranlaßte sie dazu, »sich aufzumachen« und ohne Zögern ins Bergland zu eilen (vgl. Lk 1,39), um der betagten Verwandten zur Seite zu stehen. Jesus begann gerade im Schoß Marias Gestalt anzunehmen, doch sein Geist erfüllte bereits ihr Herz, so daß sich die Mutter sogleich in die Nachfolge ihres göttlichen Sohnes stellte: Auf dem Weg, der von Galiläa nach Judäa führt, drängte Jesus selbst Maria, indem er ihr großherzigen Elan eingab, auf den hilfsbedürftigen Nächsten zuzugehen, den Mut, ihre eigenen berechtigten Bedürfnisse, Schwierigkeiten, Sorgen und Gefahren für ihr eigenes Leben außer acht zu lassen. Jesus hilft ihr, all dies zu überwinden und sich vom Glauben führen zu lassen, der in der Liebe wirksam ist (vgl. Gal 5,6).

Durch die Betrachtung dieses Geheimnisses erkennen wir, warum die christliche Nächstenliebe eine »theologale« Tugend ist. Wir sehen, wie das Herz Marias von der Gnade des Vaters erfüllt wird, von der Kraft des Heiligen Geistes durchdrungen und im Innersten vom Sohn bewegt wird; wir sehen also ein menschliches Herz, das auf vollkommene Weise in die Dynamik der heiligsten Dreifaltigkeit miteinbezogen ist. Diese Bewegung ist die Nächstenliebe, die in Maria ihre Vollendung findet und Vorbild für die Nächstenliebe der Kirche ist als Ausdruck der trinitarischen Liebe (vgl. *Deus caritas est*, 19). Jede Geste wahrer Liebe, auch die kleinste, birgt einen Funken des grenzenlosen Geheimnisses Gottes in sich: Der aufmerksame Blick auf den Bruder, die Nähe zu ihm, die Teilhabe an seiner Not, die

Heilung seiner Wunden, die Verantwortung für seine Zukunft, all dies wird bis ins kleinste Detail »theologal«, wenn es vom Geist Christi beseelt ist. Maria erwirke uns die Gabe, so lieben zu können, wie sie zu lieben vermochte. Ihr, Maria, vertrauen wir diesen außergewöhnlichen Teil der Kirche an, die im Vatikan lebt und arbeitet; ihr vertrauen wir die Römische Kirche und die ihr angeschlossenen Einrichtungen an, auf daß der Geist Christi jede Aufgabe und jeden Dienst beseele. Von diesem Hügel aus richten wir den Blick auf Rom und auf die ganze Welt, und wir beten für alle Christen, damit sie mit dem heiligen Paulus sprechen können: »Die Liebe Christi drängt mich.« Möge es ihnen gelingen, durch die Hilfe Marias in der Welt die Dynamik der Nächstenliebe zu verbreiten.

Erneut danke ich euch für eure andächtige und herzliche Teilnahme. Bringt meinen Gruß zu den kranken und alten Menschen und zu allen, die euch nahestehen. Allen erteile ich von Herzen meinen Segen.

Die Königin vom Heiligen Rosenkranz

Dieser erste Sonntag im Oktober bietet uns zwei Anlässe zum Gebet und zum Nachdenken: den Gedenktag Unserer Lieben Frau vom Rosenkranz, den wir gerade heute begehen, und das missionarische Engagement, dem dieser Monat in besonderer Weise gewidmet ist. Das traditionelle Bild der Gottesmutter vom Rosenkranz stellt Maria dar, wie sie in dem einen Arm das Jesuskind hält und mit dem anderen dem heiligen Dominikus den Rosenkranz reicht. Diese bedeutsame Ikonographie zeigt, daß der Rosenkranz ein von der Jungfrau geschenktes Mittel ist, um auf Jesus zu schauen und ihn durch die Betrachtung seines Lebens zu lieben und ihm immer treuer nachzufolgen. Das ist der Auftrag, den die Gottesmutter auch bei verschiedenen Erscheinungen hinterlassen hat. Ich denke insbesondere an die Erscheinung von Fatima, die sich vor 90 Jahren ereignet hat. Sie stellte sich den drei Hirtenkindern Lucia, Jacinta und Francisco als die »Muttergottes vom Rosenkranz« vor und empfahl eindringlich, den Rosenkranz jeden Tag zu beten, um das Ende des Krieges zu erlangen. Auch wir wollen die mütterliche Bitte der Jungfrau aufnehmen und uns verpflichten, den Rosenkranz in gläubiger Gesinnung für den Frieden in den Familien, den Nationen und der ganzen Welt zu beten.

Wir wissen jedoch, daß der wahre Friede sich dort verbreitet, wo die Menschen und die Institutionen sich dem Evangelium öffnen. Der Monat Oktober hilft uns, diese grundlegende Wahrheit durch eine besondere Animation ins Gedächtnis zu rufen, die darauf abzielt, das missionarische Streben in jeder Gemeinde lebendig zu erhalten und die Arbeit der Priester, Ordensmänner, Ordensfrauen und Laien zu unterstützen, die an den Vorposten der Mission der Kirche wirken. Mit besonderer Sorgfalt bereiten wir uns auf die Feier des Weltmissionssonntages am kommenden 21. Oktober vor, der unter dem Thema steht: »Alle Kirchen für die ganze Welt«. Die Verkündigung des Evangeliums bleibt der erste Dienst, den die Kirche der Welt schuldet, um das Heil Christi dem Menschen unserer Zeit anzubieten, der in vielerlei Weise erniedrigt und unterdrückt wird, und um den kulturellen, sozialen und ethischen Veränderungen, die sich in der Welt ereignen, eine Orientierung in christlichem Sinn zu geben. Dieses Jahr drängt uns ein weiterer Anlaß zu einem erneuerten missionarischen Einsatz: der 50. Jahrestag der Enzyklika *Fidei donum* des Dieners Gottes Pius XII., die die Zusammenarbeit zwischen den Kirchen für die Mission »ad gentes« förderte und ermutigte. Ich erinnere dann auch gerne daran, daß vor 150 Jahren fünf Priester und ein Laie des Instituts »Don Mazza« aus Verona nach Afrika, genauer gesagt in den heutigen Sudan aufbrachen. Unter ihnen war der heilige Daniele Comboni, künftiger Bischof Zentralafrikas und Patron jener Völker, dessen liturgischen Gedenktag wir am 10. Oktober begehen.

Der Fürsprache dieses Pioniers des Evangeliums und zahlreicher anderer Heiliger und Seliger, insbesondere dem mütterlichen Schutz der Königin vom Heiligen Rosenkranz empfehlen wir alle Missionare und Missionarinnen an. Maria helfe uns daran zu denken, daß jeder Christ dazu berufen ist, mit dem Wort und dem Leben Verkünder des Evangeliums zu sein.

(...) Einen herzlichen Gruß richte ich an alle Pilger aus dem deutschen Sprachraum. Im Monat Oktober verehren wir Maria in besonderer Weise als die Königin des Heiligen Rosenkranzes. Im Rosenkranzgebet schauen wir mit Maria auf Christus. Die Mutter zeigt uns ihren Sohn und will, daß auch wir ihm immer ganz nahe sind und in Gemeinschaft mit ihm leben. Vertrauen wir der Macht des Gebetes und bitten wir Maria, unsere himmlische Mutter, um ihre Fürsprache. Der Herr schenke euch allen seine Gnade.

Der Auftrag von Fatima

Das Evangelium des heutigen Sonntags zeigt uns Jesus, wie er zehn Aussätzige heilt, von denen nur einer, ein Samariter und somit ein Fremder, umkehrt, um ihm zu danken (vgl. Lk 17,11–19). Zu ihm sagt der Herr: »Steh auf und geh! Dein Glaube hat dir geholfen« (Lk 17,19). Dieser Abschnitt des Evangeliums lädt uns zu einer zweifachen Überlegung ein. Vor allem läßt er an zwei Stufen der Heilung denken: die eine und oberflächlichere betrifft den Leib; die andere und tiefere berührt das Innerste des Menschen – das, was die Bibel das »Herz« nennt –, und von dort aus strahlt sie auf das ganze Dasein aus. Die vollständige und radikale Heilung ist das »Heil«. Indem selbst die Umgangsprache zwischen »Gesundheit« und »Heil« unterscheidet, hilft sie uns zu verstehen, daß das Heil bedeutend mehr ist als die Gesundheit: Es ist nämlich ein neues, volles, endgültiges Leben. Darüber hinaus spricht Jesus hier wie zu anderen Gelegenheiten das Wort aus: »Dein Glaube hat dir geholfen.« Es ist der Glaube, der den Menschen rettet, indem er ihn in seiner tiefen Beziehung zu Gott, zu sich selbst und zu den anderen wiederherstellt; und der Glaube kommt in der Dankbarkeit zum Ausdruck. Wer es wie der geheilte Samariter versteht zu danken, beweist, daß er nicht alles so ansieht, als hätte er einen Anspruch darauf, sondern als ein Geschenk, das auch, wenn es von den Menschen oder der Natur kommt, letztlich von Gott stammt. Der Glaube bringt also die Offenheit des Menschen für die Gnade Gottes mit sich; die Erkenntnis, daß alles Geschenk, daß alles Gnade ist. Welch großer Schatz birgt sich in einem kleinen Wort: »Danke!«

Jesus heilt zehn Menschen, die an Aussatz leiden, einer Krankheit, die damals als eine »ansteckende Unreinheit« galt, die eine rituelle Reinigung erforderte (Lev 14,1–37). Der Aussatz, der wirklich den Menschen und die Gesellschaft entstellt, ist in Wahrheit die Sünde; es sind der Stolz und der Egoismus, die im Herzen des Menschen Gleichgültigkeit, Haß und Gewalt erzeugen. Diesen Aussatz des Geistes, der das Antlitz der Menschheit verunstaltet, kann niemand heilen, es sei denn Gott, der die Liebe ist. Wenn der Mensch, der umkehrt, sein Herz Gott öffnet, dann wird er in seinem Innern vom Übel geheilt.

»Kehrt um, und glaubt an das Evangelium!« (Mk 1,15). Jesus begann sein öffentliches Leben mit dieser Aufforderung, die weiterhin in der Kirche erklingt, so daß auch die allerseligste Jungfrau Maria in ihren Erscheinungen vor allem der jüngsten Zeiten immer diesen Aufruf erneuert hat. Heute denken wir insbesondere an Fatima, wo genau vor 90 Jahren, vom 13. Mai bis zum 13. Oktober 1917, die Jungfrau den drei Hirtenkindern erschienen war: Lucia, Jacinta und Francisco. Dank der Radio- und Fernsehverbindungen möchte ich in jenem Marienheiligtum im Geiste anwesend sein, wo Kardinalstaatssekretär Tarcisio Bertone in meinem Namen der Schlußfeier dieses so bedeutsamen Jahrestages vorgestanden hat. Mein herzlicher Gruß geht an ihn, an alle weiteren dort anwesenden Kardinäle und Bischöfe, die Priester, die im Heiligtum arbeiten, und die Pilger, die zu dieser Gelegenheit aus allen Teilen der Welt gekommen sind. Die Muttergottes bitten wir für alle Christen um das Geschenk einer wahren Umkehr, auf daß mit Kohärenz und Treue die ewige Botschaft des Evangeliums, die der Menschheit den Weg des wahren Friedens weist, verkündet und bezeugt werde.

Nach dem Angelus:
In diesen meinen Segen, den ich allen erteile, die mit mir das Gebet des Angelus beten – sei es, daß sie persönlich anwesend, sei es, daß sie über die Medien mit uns verbunden sind –, schließe ich alle Pilger ein, die sich im Heiligtum von Fatima in Portugal versammelt haben. Dort erklingen auch nach 90 Jahren noch immer die Aufrufe der Jungfrau Maria, die ihren Kindern den Auftrag erteilt, ihre Taufgnade in allen Momenten des Daseins zu leben. Alles wird möglich und leichter, wenn man jene Selbsthingabe an Maria lebt, die Jesus wollte, als er am Kreuz sagte: »Frau, siehe dein Sohn!« Maria ist die Zuflucht und der Weg, der zu Gott führt. Konkretes Zeichen dieses Auftrags ist das tägliche Gebet des Rosenkranzes. Während ich den Legaten Kardinal Tarcisio Bertone, den Bischof von Leiria-Fatima und den gesamten portugiesischen Episkopat wie des weiteren die hier anwesenden Bischöfe und jeden Pilger in Fatima grüße, fordere ich alle auf, persönlich ihre Weihe an das Unbefleckte Herz Mariens zu erneuern und diesen Akt der Verehrung mit einem Leben zu erfüllen, das dem göttlichen Willen stets mehr entspricht, sowie im Geist des kindlichen Dienstes und der frommen Nachahmung der Himmelskönigin. Vergeßt nie den Papst!

Der Rosenkranz erfährt einen neuen Frühling

Am Ende dieses Mariengebets möchte ich euch alle sehr herzlich grüßen und euch für eure Teilnahme danken. Ich grüße insbesondere Herrn Kardinal Bernard Francis Law, Erzpriester dieser wunderschönen Basilika »Santa Maria Maggiore«. Sie ist in Rom die Marienkirche schlechthin, in der die Bevölkerung der Stadt mit großer Liebe die Ikone von Maria »Salus Populi Romani« verehrt. Gern habe ich die an mich ergangene Einladung angenommen, am ersten Samstag im Mai das Rosenkranzgebet zu leiten gemäß der schönen Tradition, die ich seit meiner Kindheit pflege. In der Erfahrung meiner Generation lassen die Maiabende schöne Erinnerungen aufkommen, die mit den abendlichen Andachten verbunden sind, in denen Unsere Liebe Frau verehrt wird. Wie sollte man jemals das Rosenkranzgebet in der Pfarrei, in den Höfen der Häuser oder in den Stadtvierteln vergessen?

Heute bekräftigen wir gemeinsam, daß das Rosenkranzgebet keine Frömmigkeitsübung ist, die der Vergangenheit angehört, als sei es ein Gebet aus anderen Zeiten, an das man mit Nostalgie zurückdenkt. Vielmehr erfährt der Rosenkranz gleichsam einen neuen Frühling. Das ist zweifellos eines der beredtesten Zeichen der Liebe, die die jungen Generationen Jesus und seiner Mutter Maria entgegenbringen. In der heutigen Welt, in der soviel Zerstreuung herrscht, hilft dieses Gebet, Christus in den Mittelpunkt zu stellen, so wie es die Jungfrau Maria tat, die all das, was über ihren Sohn gesagt wurde, und auch das, was er tat und sagte, in ihrem Herzen bedachte. Wenn man den Rosenkranz betet, durchlebt man noch einmal die wichtigen und bedeutsamen Augenblicke der Heilsgeschichte; man durchläuft die verschiedenen Etappen der Sendung Christi. Durch Maria wird das Herz auf das Geheimnis Christi ausgerichtet. Christus wird in den Mittelpunkt unseres Lebens, unserer Zeit und unserer Städte gestellt durch die Betrachtung seiner freudenreichen, lichtreichen, schmerzhaften und glorreichen heiligen Geheimnisse und durch das Nachdenken über sie. Maria möge uns helfen, die Gnade in uns aufzunehmen, die aus diesen Geheimnissen ausströmt, auf daß sie durch uns die

Gesellschaft »tränken« kann, angefangen bei den Alltagsbeziehungen, und sie reinigt von so vielen negativen Kräften, indem sie sie für die Neuheit Gottes öffnet. Wenn der Rosenkranz richtig gebetet wird – nicht mechanisch und oberflächlich, sondern mit tiefem Glauben –, dann bringt er in der Tat Frieden und Versöhnung. Er trägt in sich die heilende Macht des heiligsten Namens Jesu, der mit Glauben und Liebe in der Mitte jedes »Gegrüßet seist du Maria« angerufen wird.

Liebe Brüder und Schwestern, wir wollen Gott danken, der uns gewährt hat, am heutigen Abend eine so schöne Stunde der Gnade zu erleben. An den kommenden Abenden dieses Marienmonats wollen wir uns, auch wenn wir fern sind voneinander, einander dennoch nahe und im Gebet vereint sein. Bleiben wir besonders an diesen Tagen, in denen wir uns auf das Hochfest Pfingsten vorbereiten, mit Maria vereint und bitten wir für die Kirche um eine neue Ausgießung des Heiligen Geistes. Möge die allerseligste Jungfrau Maria wie an den Ursprüngen den Gläubigen jeder christlichen Gemeinschaft helfen, ein Herz und eine Seele zu sein. Ich vertraue euch die dringlichsten Anliegen meines Dienstamtes an, die Bedürfnisse der Kirche, die großen Probleme der Menschheit: den Frieden in der Welt, die Einheit der Christen, den Dialog zwischen allen Kulturen (…) Euch allen, die ihr hier versammelt seid, und jenen, die über Radio und Fernsehen mit uns verbunden sind, insbesondere den Kranken, erteile ich von Herzen den Apostolischen Segen.

Vertrauensvoll auf Maria schauen

Wir beenden den Monat Mai mit dieser eindrucksvollen Marienandacht. Ich grüße euch herzlich und danke euch für eure Teilnahme. An erster Stelle grüße ich Herrn Kardinal Angelo Comastri; mit ihm grüße ich alle weiteren Kardinäle, Erzbischöfe, Bischöfe und Priester, die an dieser abendlichen Andacht teilgenommen haben. Mein Gruß gilt auch den geweihten Personen und euch allen, liebe gläubige Laien, die ihr die selige Jungfrau Maria durch eure Anwesenheit habt ehren wollen.

Wir feiern heute das Fest der Heimsuchung Marias und den Gedenktag des Unbefleckten Herzens Mariä. Das alles lädt uns ein, vertrauensvoll auf Maria zu schauen. Wir haben uns heute abend mit dem alten und immer aktuellen Rosenkranzgebet an sie gewandt. Wenn er nicht eine bloße mechanische Wiederholung der traditionellen Formeln ist, dann ist der Rosenkranz eine biblische Meditation, die uns in Begleitung der seligen Jungfrau die Geschehnisse des Lebens des Herrn vor Augen führt, wobei wir sie wie Maria in unserem Herzen bewahren. Im Monat Mai gibt es in vielen christlichen Gemeinschaften den schönen Brauch, den Rosenkranz im Familienkreis und in den Pfarreien in noch feierlicherer Weise zu beten. Jetzt, am Monatsende, soll aber diese gute Gewohnheit nicht nachlassen, sondern mit noch größerem Eifer fortgesetzt werden, damit das Licht des Glaubens in der Schule Marias noch heller in den Herzen der Christen und in ihren Häusern erstrahle.

Am heutigen Fest der Heimsuchung hören wir in der Liturgie erneut den Abschnitt des Lukasevangeliums, der Marias Weg von Nazareth zum Haus der älteren Cousine Elisabeth erzählt. Wir können uns den Seelenzustand der Jungfrau nach der Verkündigung, als der Engel von ihr gegangen war, vorstellen. Maria trägt jetzt, geborgen in ihrem Schoß, ein großes Geheimnis in sich; sie weiß, daß etwas ganz Einzigartiges geschehen ist; sie ist sich bewußt, daß das letzte Kapitel der Heilsgeschichte der Welt begonnen hat. Aber um sie herum hat sich nichts verändert, und das Dorf Nazareth weiß nichts von dem, was ihr geschehen war.

Maria denkt aber zuerst nicht an sich selbst, sondern an die ältere Elisabeth, die, wie sie erfahren hatte, hochschwanger war. Gedrängt vom

Geheimnis der Liebe, das sie soeben in sich empfangen hat, macht sich Maria »eilends« auf den Weg, um ihr beizustehen. Das ist die einfache und zugleich erhabene Größe Marias! Als sie das Haus von Elisabeth betritt, geschieht etwas, dessen Schönheit und tiefe Wirklichkeit kein Maler je wiedergeben könnte. Das innere Licht des Heiligen Geistes umstrahlt ihre Personen. Und Elisabeth, vom Heiligen Geist erfüllt, ruft aus: »Gesegnet bist du mehr als alle anderen Frauen, und gesegnet ist die Frucht deines Leibes. Wer bin ich, daß die Mutter meines Herrn zu mir kommt? In dem Augenblick, als ich deinen Gruß hörte, hüpfte das Kind vor Freude in meinem Leib. Selig ist die, die geglaubt hat, daß sich erfüllt, was der Herr ihr sagen ließ« (Lk 1,42–45).

Diese Worte könnten uns angesichts der konkreten Wirklichkeit übertrieben erscheinen. Elisabeth ist eine von vielen älteren Frauen Israels, und Maria ist ein unbekanntes Mädchen aus einem abgelegenen Dorf in Galiläa. Was können sie sein, und was können sie tun in einer Welt, in der andere Menschen zählen und andere Mächte Gewicht haben? Aber Maria erstaunt uns von neuem; ihr Herz ist rein, ganz offen für das Licht Gottes; ihre Seele ist ohne Sünde, nicht vom Stolz und Egoismus beschwert. Elisabeths Worte entfachen in ihrem Innern einen Lobpreis, der eine wahre und tiefe »theologische« Sicht der Geschichte ist: eine Vision, die wir von ihr ständig lernen sollen, denn ihr Glaube ist ohne Schatten und ohne Brüche. »Meine Seele preist die Größe des Herrn!« Maria erkennt die Größe Gottes. Das ist das erste unerläßliche Gefühl des Glaubens; das Gefühl, das dem Menschen Sicherheit gibt und ihn von der Angst befreit, auch inmitten der Stürme der Geschichte.

Indem sie die Oberfläche durchbricht, »sieht« Maria mit den Augen des Glaubens das Wirken Gottes in der Geschichte. Deshalb ist sie gesegnet, weil sie geglaubt hat: Denn durch den Glauben hat sie das Wort des Herrn aufgenommen und das menschgewordene Wort empfangen. Ihr Glaube hat sie sehen lassen, daß alle Throne der Mächtigen dieser Welt vorläufig sind, während Gottes Thron der einzige Fels ist, der sich nicht verändert und nicht einstürzt. Ihr *Magnificat* bleibt auch nach Jahrhunderten und Jahrtausenden die wahrste und tiefste Auslegung der Geschichte, während die von vielen Weisen dieser Welt vorgelegten Sichtweisen durch die Tatsachen im Laufe der Jahrhunderte dementiert wurden.

Liebe Schwestern und Brüder! Gehen wir nun mit dem *Magnificat* im Herzen nach Hause. Hegen wir in uns die gleichen Gefühle des Lobes und Dankes, die Maria dem Herrn entgegenbrachte, ihren Glauben und ihre Hoffnung, ihre Fügsamkeit in den Händen der göttlichen Vorsehung. Ahmen wir ihr Beispiel der Bereitschaft und Hochherzigkeit im Dienst an den Nächsten nach. Denn nur wenn wir die Liebe Gottes aufnehmen und unser Leben zu einem selbstlosen und hochherzigen Dienst am Nächsten machen, werden wir mit Freude den Herrn lobpreisen. Diese Gnade erwirke uns die Gottesmutter, die uns heute abend einlädt, in ihrem Unbefleckten Herzen Zuflucht zu finden. Euch allen erteile ich meinen Segen.

Maria, glänzendes Tor des Himmels

Jedes Jahr begehen wir mitten im Sommer das Hochfest der Aufnahme der seligen Jungfrau Maria in den Himmel, das älteste Marienfest. Es bietet uns die Gelegenheit, zusammen mit Maria die Höhen des Geistes zu erklimmen, wo wir die reine Luft des übernatürlichen Lebens atmen und die authentischste Schönheit betrachten, die Schönheit der Heiligkeit. Die Atmosphäre der heutigen Feier ist ganz von österlicher Freude durchdrungen. »Heute« – so singen wir in der *Magnificat*-Antiphon – »steigt die Jungfrau Maria zum Himmel empor. Freut euch, denn mit Christus herrscht sie in Ewigkeit. Alleluja.« Diese Worte künden von einem ganz einzigartigen und außerordentlichen Ereignis, das jedoch dazu bestimmt ist, das Herz eines jeden Menschen mit Hoffnung und Freude zu erfüllen. Maria ist nämlich die Erstlingsfrucht der neuen Menschheit, das Geschöpf, in dem das Geheimnis Christi – Menschwerdung, Tod, Auferstehung, Himmelfahrt – schon volle Wirkung erfahren hat, indem er sie vom Tod freikaufte und sie mit Leib und Seele in das Reich des unsterblichen Lebens führte. Aus diesem Grund ist die Jungfrau Maria, wie das Zweite Vatikanische Konzil in Erinnerung ruft, für uns ein Zeichen der sicheren Hoffnung und des Trostes (vgl. *Lumen gentium,* 68). Das heutige Fest drängt uns dazu, den Blick zum Himmel zu erheben. Doch es ist kein Himmel, der aus abstrakten Ideen gemacht wäre, und ebensowenig handelt es sich um einen imaginären, von der Kunst erschaffenen Himmel, sondern es ist der Himmel der wahren Wirklichkeit, die Gott selbst ist: Gott ist der Himmel. Und er ist unser Ziel, das Ziel und die ewige Wohnstatt, von der wir herstammen und nach der wir streben.

Der hl. Germanus, Bischof von Konstantinopel im 8. Jahrhundert, wandte sich in einer Ansprache, die er am Fest Mariä Himmelfahrt gehalten hatte, mit diesen Worten an die himmlische Mutter Gottes: »Du bist jene, die durch ihr unbeflecktes Fleisch das Christenvolk mit Christus wiedervereinte ... Wie jeder Dürstende zur Quelle läuft, so läuft jede Seele zu dir, Quelle der Liebe, und wie jeder Mensch darauf aus ist, zu leben und das nie untergehende Licht zu sehen, so sehnt sich jeder Christ danach, in das Licht der Allerheiligsten Dreifaltigkeit einzutreten, in das du schon eingegangen bist.« Dieselben Gefühle bewegen uns am heutigen Tage, wenn wir Maria in der Herrlichkeit Gottes betrachten. Als sie in dieser Welt eingeschlafen ist, um im Himmel aufzuwachen, ist sie in der Tat einfach zum letzten Mal Jesus, ihrem Sohn, auf seiner längsten und entscheidensten Reise gefolgt, in seinem Übergang »aus dieser Welt zum Vater« (vgl. Joh 13,1).

Ebenso wie er und zusammen mit ihm ist sie aus dieser Welt aufgebrochen, um »zum Haus des Vaters« (vgl. Joh 14,2) heimzukehren. All dies ist nicht weit weg von uns, wie es vielleicht in einem ersten Moment scheinen könnte, da wir alle Kinder Gottes, des Vaters, sind. Wir alle sind Brüder Jesu, und wir alle sind auch Kinder Mariens, unserer Mutter. Und alle streben wir nach Glück. Und das Glück, nach dem wir alle streben, ist Gott; so sind wir alle unterwegs zu diesem Glück, das wir Himmel nennen, das in Wirklichkeit Gott ist. Maria helfe uns und ermutige uns, daß es uns gelinge, jeden Augenblick unseres Daseins zu einem Schritt auf diesem Exodus, auf diesem Weg hin zu Gott, werden zu lassen. Sie helfe uns, so auch die Wirklichkeit des Himmels, die Größe Gottes, im Leben unserer Welt gegenwärtig zu machen. Ist dies nicht im Grunde die österliche Dynamik des Menschen, eines jeden

Menschen, der »himmlisch« werden will, völlig glücklich, kraft der Auferstehung Christi? Und ist vielleicht nicht gerade dies der Anfang und die Vorwegnahme einer Bewegung, die jeden Menschen und den ganzen Kosmos betrifft? Sie, von der Gott sein Fleisch angenommen hatte und deren Seele auf dem Kalvarienberg von einem Schwert durchbohrt wurde, fand sich als erste und in einzigartiger Weise vor dem Geheimnis dieser Umwandlung, nach der wir alle streben, wobei auch wir vom Schwert des Leidens in dieser Welt durchdrungen werden.

Die neue Eva ist dem neuen Adam im Leiden, in der Passion, und so auch in der endgültigen Freude gefolgt. Christus ist die Erstlingsfrucht, aber sein auferstandenes Fleisch ist nicht zu trennen von dem seiner irdischen Mutter, von Maria, und in ihr ist die ganze Menschheit in die Aufnahme zu Gott hineingenommen, und mit ihr die ganze Schöpfung, deren Seufzen, deren Leiden, wie der heilige Paulus sagt, die Geburtswehen der neuen Menschheit sind. So entstehen der neue Himmel und die neue Erde, in denen es keine Tränen, keine Klage mehr geben wird, da kein Tod mehr sein wird (vgl. Offb 21,1–4).

Welch großes Geheimnis der Liebe wird uns da heute erneut zur Betrachtung vorgestellt!

Christus hat den Tod mit der Allmacht seiner Liebe besiegt. Nur die Liebe ist allmächtig. Diese Liebe hat Christus dazu gedrängt, für uns zu sterben und so den Tod zu besiegen. Ja, nur die Liebe läßt in das Reich des Lebens eintreten! Und Maria ist dem Sohne folgend eingetreten, vereinigt mit seiner Herrlichkeit, nachdem sie mit seinem Leiden verbunden war. Sie ist mit unaufhaltsamer Stärke eingetreten und hält nun nach sich den Weg für uns alle offen. Und dafür rufen wir sie heute an: »Tor des Himmels«, »Königin der Engel« und »Zuflucht der Sünder«. Gewiß sind es keine Vernunftschlüsse, die uns diese so erhabenen Wirklichkeiten verstehen lassen, sondern der einfache, aufrechte Glaube und die Stille des Gebets, das uns mit jenem Geheimnis in Berührung bringt, das uns unendlich übersteigt. Das Gebet hilft uns, mit Gott zu sprechen und zu spüren, wie der Herr zu unserem Herzen spricht.

Bitten wir Maria, sie möge uns auch heute ihren Glauben schenken, jenen Glauben, der uns schon in dieser Dimension zwischen Endlichem und Unendlichem leben läßt, jenen Glauben, der auch das Gefühl für die Zeit und das Vergehen unseres Dasein verwandelt, jenen Glauben, in dem wir innig spüren, daß unser Leben nicht von der Vergangenheit aufgesogen ist, sondern von einer Zukunft angezogen wird, von Gott, wohinein Christus uns vorangegangen ist, und hinter ihm Maria.

Indem wir auf die in den Himmel Aufgenommene blicken, begreifen wir besser, daß unser alltägliches Leben trotz der Prüfungen und Schwierigkeiten, von denen es gezeichnet ist, wie ein Fluß zum göttlichen Ozean strömt, hin zur Fülle der Freude und des Friedens. Wir begreifen, daß unser Sterben nicht das Ende ist, sondern der Einlaß in das Leben, das keinen Tod kennt. Unser Untergehen am Horizont dieser Welt ist ein Auferstehen in der Morgenröte der neuen Welt, des ewigen Tages.

»Maria, während du uns in der Mühsal unseres täglichen Lebens und Sterbens begleitest, halte uns stets ausgerichtet auf die wahre Heimat der Seligkeit. Hilf uns, so zu tun, wie du getan hast.«

Liebe Brüder und Schwestern, liebe Freunde, die ihr am heutigen Vormittag an dieser Feier teilnehmt, gemeinsam wollen wir so zu Maria beten. Angesichts des traurigen Schauspiels so vieler falscher Freude und zugleich von so viel kummervollem Schmerz, der sich in der Welt ausbreitet, müssen wir von ihr lernen, Zeichen der Hoffnung und des Trostes zu werden; wir müssen mit unserem Leben die Auferstehung Christi verkünden.

»Hilf uns du, Mutter, glänzendes Tor des Himmels, Mutter der Barmherzigkeit, Quelle, aus der unser Leben und unsere Freude entsprungen ist, Jesus Christus.« Amen.

Im Rosenkranz leiht uns Maria ihr Herz und ihre Augen

Vor hundertfünfzig Jahren, am 11. Februar 1858, sah ein einfaches Mädchen aus Lourdes, Bernadette Soubirous, an diesem Ort außerhalb der Stadt, der sogenannten Grotte von Massabielle, ein Licht und in diesem Licht eine junge Dame, »schön, über alles schön«. Diese Dame wandte sich mit Güte und Liebenswürdigkeit, mit Achtung und Vertrauen an sie. »Sie siezte mich«, erzählt Bernadette, »... Möchten Sie mir den Gefallen tun, in den nächsten fünfzehn Tagen hierher zu kommen?« fragt die Dame sie. »... Sie schaute mich an wie ein Mensch, der mit einem anderen Menschen spricht.« In dieser Unterhaltung, in diesem ganz von Feingefühl geprägten Dialog beauftragt die Dame sie, einige ganz einfache Botschaften über das Gebet, die Buße und die Umkehr zu vermitteln. Daß Maria schön ist, überrascht nicht, offenbart sie doch in der Erscheinung vom 25. März 1858 ihren Namen so: »Ich bin die Unbefleckte Empfängnis«.

Betrachten wir unsererseits diese »mit der Sonne bekleidete Frau«, die uns die Schrift vor Augen stellt (vgl. Offb 12,1). Die allerseligste Jungfrau Maria, die glorreiche Frau der Geheimen Offenbarung, trägt auf ihrem Haupt einen Kranz von zwölf Sternen, welche die zwölf Stämme Israels, das ganze Volk Gottes, die gesamte Gemeinschaft der Heiligen darstellen, und zugleich hat sie unter ihren Füßen den Mond, das Bild des Todes und der Sterblichkeit. Maria hat den Tod hinter sich gelassen; sie ist ganz vom Leben bekleidet, vom Leben ihres Sohnes, des auferstandenen Christus. So ist sie das Zeichen für den Sieg der Liebe und des Guten, für den Sieg Gottes. Sie gibt unserer Welt die Hoffnung, die sie braucht. Richten wir heute abend unseren Blick auf Maria, die so glorreich und so menschlich ist, und lassen wir uns von ihr zu Gott, dem Sieger, führen.

Zahlreiche Menschen haben es bezeugt: Die Begegnung mit dem leuchtenden Antlitz von Bernadette verwandelte die Herzen und die Blikke. Sowohl während der Erscheinungen als auch, wenn sie davon erzählte, begann ihr Gesicht über und über zu strahlen. Bernadette war bereits erfüllt von dem Licht von Massabielle. Das alltägliche Leben der Familie Soubirous bestand jedoch aus Elend und Traurigkeit, aus Krankheit und Unverständnis, aus Ablehnung und Armut. Auch wenn es in den familiären Beziehungen nicht an Liebe und Wärme fehlte, war es doch schwierig, im *cachot* (›Verließ‹) zu leben. Aber die Schatten der Erde haben das Licht des Himmels nicht daran gehindert zu leuchten: »Das Licht leuchtet in der Finsternis ...« (Joh 1,5).

Lourdes ist einer der Orte, die Gott erwählt hat, um dort einen besonderen Strahl seiner Schönheit leuchten zu lassen; daher rührt die Bedeutung, die hier das Symbol des Lichtes bekommt. Von der vierten Erscheinung an entzündete Bernadette, wenn sie an der Grotte ankam, jeden Morgen eine gesegnete Kerze und hielt sie in der linken Hand, bis die Jungfrau sich zeigte. Sehr bald übergaben verschiedene Personen Bernadette eine Kerze, damit sie diese in der Tiefe der Grotte in die Erde stecke. Sehr bald brachten andere Menschen auch selbst Kerzen an diesen Ort des Lichtes und des Friedens. Die Muttergottes tat selber kund, daß ihr diese berührende Huldigung dieser Tausenden Kerzen gefiel, die seitdem zu ihrer Ehre ununterbrochen den Felsen der Erscheinung erleuchten. Von jenem Tag an glüht vor der Grotte Tag und Nacht, im Sommer wie im Winter, ein brennender

Dornbusch, entzündet vom Gebet der Pilger und der Kranken, die ihre Sorgen und Nöte, vor allem aber ihren Glauben und ihre Hoffnung zum Ausdruck bringen.

Da wir als Pilger hier nach Lourdes kommen, wollen wir auf den Spuren Bernadettes in diese außergewöhnliche Nähe *zwischen Himmel und Erde* eintreten, die sich niemals widersprochen hat und die sich unaufhörlich weiter festigt. Während der Erscheinungen ist zu bemerken, daß Bernadette den Rosenkranz unter den Augen Marias betet, die im Moment der Doxologie mit einstimmt. Diese Tatsache bestätigt den zutiefst theozentrischen Charakter des Rosenkranzgebets. Wenn wir den Rosenkranz beten, leiht uns Maria ihr Herz und ihre Augen, um das Leben ihres Sohnes, Christus Jesus, zu betrachten. Mein verehrter Vorgänger Papst Johannes Paul II. ist zweimal hierher nach Lourdes gekommen. Wir wissen, wie sehr sich in seinem Leben und in seinem Dienst das Gebet auf die Fürsprache der Jungfrau Maria stützte. Wie viele seiner Vorgänger auf dem Stuhl Petri hat auch er das Rosenkranzgebet nachdrücklich gefördert; er hat dies unter anderem in einer ganz besonderen Weise getan, indem er es durch die Betrachtung der lichtreichen Geheimnisse bereichert hat. Sie sind übrigens auf der Fassade der Basilika in den neuen, im vergangenen Jahr eingeweihten Mosaiken dargestellt. Wie bei allen Geschehnissen im Leben Christi, *die sie in ihrem Herzen bewahrte und überdachte* (vgl. Lk 2,19), läßt Maria uns alle Etappen seines öffentlichen Wirkens als einen Teil der Offenbarung der Herrlichkeit Gottes begreifen. Möge der lichterfüllte Ort Lourdes eine Schule zum Erlernen des Rosenkranzgebets bleiben, das die Jünger Jesu in Gegenwart seiner Mutter in einen echten und herzlichen Dialog mit ihrem Meister einführt!

Durch den Mund Bernadettes hören wir die Bitte der Jungfrau Maria an uns, *in Prozession hierher zu kommen,* um in Einfachheit und mit Eifer zu beten. Die Lichterprozession vermittelt unseren sinnlichen Augen das Geheimnis des Gebetes: In der Gemeinschaft der Kirche, welche die Erwählten des Himmels und die Pilger der Erde miteinander vereint, entspringt das Licht aus dem Gespräch zwischen dem Menschen und seinem Herrn, und eine leuchtende Straße öffnet sich in der Geschichte der Menschen, auch in den dunkelsten Augenblicken. Diese Prozession ist ein Moment großer kirchlicher Freude, aber auch eine Zeit tiefen Ernstes: Die Anliegen, die wir mit uns tragen, unterstreichen unsere tiefe Verbundenheit mit allen, die leiden. Denken wir an die unschuldigen Opfer, die unter Gewalt, Krieg, Terrorismus und Hungersnot leiden oder die die Folgen von Ungerechtigkeiten, Plagen und Unheil, von Haß und Unterdrückung, von Angriffen auf ihre Menschenwürde und ihre Grundrechte, auf ihre Handlungs- und Gedankenfreiheit zu tragen haben. Denken wir auch an jene, die familiäre Probleme erleben oder die infolge von Arbeitslosigkeit, Krankheit, Gebrechen, Einsamkeit oder ihrer Situation als Einwanderer leiden. Außerdem möchte ich diejenigen nicht vergessen, die um des Namens Christi willen leiden und für ihn sterben.

Maria lehrt uns, zu beten und unser Gebet zu einem Akt der Gottes- und der Nächstenliebe zu machen. Wenn wir mit Maria beten, nimmt unser Herz die Leidenden auf. Wie könnte unser Leben dabei unverändert bleiben? Warum sollte unser Sein und unser ganzes Leben nicht Ort der Gastfreundschaft für unseren Nächsten werden? Lourdes ist ein Ort des Lichtes, weil es ein Ort der Gemeinschaft, der Hoffnung und der Umkehr ist.

Nun, beim Einbruch der Nacht, sagt Jesus zu uns: »Laßt eure Lampen brennen!« (Lk 12,35): die Lampe des Glaubens, die Lampe des Gebetes, die Lampe der Hoffnung und der Liebe! Dieses

Gehen in der Nacht mit dem Licht in der Hand spricht unser Inneres nachdrücklich an, es berührt unser Herz und besagt viel mehr als jedes andere gesprochene oder gedachte Wort. Diese Geste erfaßt allein unsere Lage als Christen unterwegs: Wir brauchen Licht und sind zugleich berufen, Licht zu werden. Die Sünde macht uns blind; sie hindert uns daran, unsere Mitmenschen führen zu können, und bewirkt, daß wir ihnen mißtrauen und uns selber nicht führen lassen. Wir haben es nötig, erleuchtet zu werden, und wiederholen die flehentliche Bitte des blinden Bartimäus: »Rabbuni, ich möchte wieder sehen können!« (Mk 10,51). Mach, daß ich meine Sünde sehe, die mich hemmt, doch vor allem: Herr, gib, daß ich deine Herrlichkeit sehe! Wir wissen, daß unser Gebet schon erhört ist, und wir sagen Dank, denn, wie der heilige Paulus im Epheserbrief sagt: »Christus wird dein Licht sein« (5,14), und der heilige Petrus fügt hinzu: »Er hat euch aus der Finsternis in sein wunderbares Licht gerufen« (1 Petr 2,9).

Zu uns, die wir nicht das Licht sind, kann Christus nun sagen: »Ihr seid das Licht der Welt« (Mt 5,14), indem er uns aufträgt dafür zu sorgen, das Licht der Liebe leuchten zu lassen. Wie der Apostel Johannes schreibt: »Wer seinen

Bruder liebt, bleibt im Licht; da gibt es für ihn kein Straucheln« (1 Joh 2,10). Die christliche Liebe leben bedeutet, das Licht Gottes in die Welt zu tragen und zugleich auf seine wahre Quelle hinzuweisen. Der heilige Leo der Große schreibt: »Wer nämlich fromm und keusch in der Kirche lebt, wer seinen Sinn auf das Himmlische und nicht auf das Irdische lenkt (vgl. Kol 3,2), ist in gewisser Weise dem himmlischen Licht gleich; während er selbst auf den Glanz eines heiligen Lebens achtet, weist er wie ein Stern vielen den Weg, der zu Gott führt« (*Sermo* III,5).

In diesem Wallfahrtsort Lourdes, auf den die Christen der ganzen Welt ihren Blick richten, seit die Jungfrau Maria hier die Hoffnung und die Liebe hat erstrahlen lassen, indem sie den Kranken, den Armen und den Kleinen den ersten Platz zuwies, sind wir eingeladen, die Einfachheit unserer Berufung zu entdecken: Denn es genügt zu lieben.

Morgen wird uns die Feier der Kreuzerhöhung direkt ins Herz dieses Geheimnisses einführen. In dieser Vigil richtet sich unser Blick schon auf das Zeichen des Neuen Bundes, auf das das ganze Leben Jesu zuläuft. Das Kreuz ist der höchste und vollkommenste Akt der Liebe Jesu, der sein Leben für seine Freunde hingibt. »So muß der Menschensohn erhöht werden, damit jeder, der an ihn glaubt, in ihm das ewige Leben hat« (Joh 3,14–15).

Wie es in den Liedern vom Gottesknecht angekündigt wurde, ist der Tod Jesu ein Tod, der zum Licht für die Völker wird; es ist ein Tod, der in Verbindung mit der Sühneliturgie die Versöhnung bringt, ein Tod, der das Ende des Todes bedeutet. Von da an ist das Kreuz ein Zeichen der Hoffnung, ein Banner des Sieges Jesu, denn »Gott hat die Welt so sehr geliebt, daß er seinen einzigen Sohn hingab, damit jeder, der an ihn glaubt, nicht zugrunde geht, sondern das ewige Leben hat« (Joh 3,16). Durch das Kreuz empfängt unser ganzes Leben Licht, Kraft und Hoffnung. Mit ihm ist die ganze Tiefe der Liebe offenbart, die im ursprünglichen Plan des Schöpfers enthalten war; mit ihm ist alles geheilt und zur Vollendung geführt. Das ist der Grund, warum das Leben im Glauben an den gestorbenen und auferstandenen Christus Licht wird.

Die Erscheinungen waren von Licht umflutet, und Gott hat im Blick von Bernadette eine Flamme entzündet, die zahllose Herzen bekehrt hat. Wie viele Menschen kommen hierher, um ein Wunder zu sehen, und hoffen vielleicht insgeheim, eines an sich selbst zu erfahren; auf dem

Heimweg, nachdem sie eine geistliche Erfahrung eines echten kirchlichen Lebens gemacht haben, ändert sich dann ihr Blick auf Gott, auf die anderen und auf sich selbst. Eine kleine Flamme, die sich Hoffnung, Mitleid und Zartgefühl nennt, wohnt in ihnen. Die verborgene Begegnung mit Bernadette und mit der Jungfrau Maria kann ein Leben verändern, denn sie sind an diesem Ort Massabielle gegenwärtig, um uns zu Christus zu führen, der unser Leben, unsere Kraft und unser Licht ist. Mögen die Jungfrau Maria und die heilige Bernadette euch helfen, als Kinder des Lichtes zu leben, um alle Tage eures Lebens zu bezeugen, daß Christus unser Licht, unsere Hoffnung und unser Leben ist!

Maria, Stern der Hoffnung

»Geht und sagt den Priestern, man solle in Prozession hierher kommen und eine Kapelle errichten.« Das ist die Botschaft, die Bernadette von der »Schönen Dame« bei der Erscheinung am 2. März 1858 empfangen hat. Seit 150 Jahren haben die Pilger nie aufgehört, zur Grotte von Massabielle zu kommen, um die an sie gerichtete Botschaft der Umkehr und der Hoffnung zu hören. Und auch wir stehen an diesem Morgen hier zu Füßen Marias, der Unbefleckten Jungfrau, um uns mit der kleinen Bernadette in ihre Schule zu begeben.

Ich danke insbesondere Bischof Jacques Perrier, dem Bischof von Tarbes und Lourdes, für die warmherzige Aufnahme, die mir zuteil wurde, und für die freundlichen Worte, die er an mich gerichtet hat. Ich begrüße auch die Kardinäle, Bischöfe, Priester, Diakone, Ordensleute sowie euch alle, liebe Lourdes-Pilger, ganz besonders die Kranken. Ihr seid in großer Zahl gekommen, um mit mir diese Jubiläumswallfahrt zu machen und um eure Familien, Verwandten und Freunde sowie alle eure Anliegen Unserer Lieben Frau anzuvertrauen. Mein Dank gilt auch den zivilen und militärischen Autoritäten, die an dieser Eucharistiefeier teilnehmen.

»Einen so großen Besitz hat das Kreuz geschaffen, und wer ihn erhält, hat einen großen Schatz!« (hl. Andreas von Kreta, *Homilie X zur Kreuzerhöhung*, PG 97, 1020). An diesem Tag, an dem die Liturgie der Kirche das Fest der Kreuzerhöhung feiert, ruft uns das Evangelium, das wir gerade gehört haben, die Bedeutung dieses großen Geheimnisses in Erinnerung: Gott hat die Welt so sehr geliebt, daß er seinen einzigen Sohn hingab, damit die Menschen gerettet werden (vgl. Joh 3,16). Der Sohn Gottes hat sich verwundbar gemacht, indem er wie ein Sklave wurde, gehorsam bis zum Tod, bis zum Tod am Kreuz (vgl. Phil 2,7–8). Durch sein Kreuz sind wir erlöst. Das Marterwerkzeug, das am Karfreitag das Gericht Gottes über die Welt offenbarte, ist zur Quelle des Lebens, der Vergebung, des Erbarmens, zu einem Zeichen der Versöhnung und des Friedens geworden. »Um von unseren Sünden geheilt zu werden, schauen wir auf den gekreuzigten Christus!«, schrieb der heilige Augustinus (*Tract. in Johan.*, XII, 11). Wenn wir die

Augen zum Gekreuzigten erheben, beten wir den an, der gekommen ist, um die Sünde der Welt hinwegzunehmen und uns das ewige Leben zu schenken. Die Kirche lädt uns ein, dieses glorreiche Kreuz voll Stolz zu erheben, damit die Welt sehen kann, wie weit die Liebe des Gekreuzigten zu den Menschen, zu allen Menschen gegangen ist. Sie lädt uns ein, Gott zu danken, denn von einem Baum, der den Tod gebracht hat, ist das Leben neu hervorgegangen. An diesem Holz offenbart uns Jesus seine erhabene Herrschaft, er offenbart uns, daß er in Herrlichkeit erhöht worden ist. Ja, »kommt, lasset uns anbeten«. Mitten unter uns ist jener, der uns so sehr geliebt hat, daß er sein Leben für uns hingegeben hat, jener, der jeden Menschen einlädt, vertrauensvoll zu ihm zu kommen.

Das ist das große Geheimnis der Liebe Gottes, das uns Maria auch an diesem Morgen anvertraut, da sie uns einlädt, uns ihrem Sohn zuzuwenden. Es ist in der Tat bezeichnend, daß Maria, als sie Bernadette zum ersten Mal erschien, ihre Begegnung mit dem Kreuzzeichen beginnt. Mehr als um ein einfaches Zeichen handelt es sich dabei um eine Einführung in die Geheimnisse des Glaubens, die Bernadette von Maria erhält. Das Kreuzzeichen ist gewissermaßen die

Zusammenfassung unseres Glaubens, denn es sagt uns, wie weit Gottes Liebe zu uns gegangen ist; es sagt uns, daß es auf der Welt eine Liebe gibt, die stärker ist als der Tod, stärker als unsere Schwächen und unsere Sünden. Die Kraft der Liebe ist stärker als das Böse, das uns bedroht. Das ist das Geheimnis der Universalität der Liebe Gottes zu den Menschen, das Maria hier in Lourdes offenbart hat. Sie lädt alle Menschen guten Willens ein, alle, die seelisch oder körperlich leiden, die Augen zum Kreuz Jesu zu erheben, um dort die Quelle des Lebens, die Quelle des Heils zu finden.

Die Kirche hat die Sendung empfangen, allen dieses liebende Antlitz Gottes zu zeigen, das in Christus offenbar wurde. Sind wir in der Lage zu verstehen, daß im Gekreuzigten von Golgotha unsere Würde als Kinder Gottes liegt, die von der Sünde verdunkelt war und die uns wiedergeschenkt wurde? Richten wir unsere Blicke auf Christus. Er ist es, der uns frei machen wird, damit wir lieben können, wie er uns liebt, und damit wir eine versöhnte Welt aufbauen. Denn auf diesem Kreuz hat Jesus die Last aller Leiden und der Ungerechtigkeiten unserer Menschheit auf sich genommen. Er hat die Demütigungen und Diskriminierungen getragen, die Qualen, die so viele unserer Brüder und Schwestern in zahlreichen Regionen der Welt aus Liebe zu Christus erleiden. Wir vertrauen sie Maria an, der Mutter Jesu und unserer Mutter, die unterm Kreuz stand.

Damit wir dieses glorreiche Kreuz in unserem Leben empfangen können, läßt uns die Feier des Jubiläums der Erscheinungen Unserer Lieben Frau in Lourdes einen Weg des Glaubens und der Umkehr beschreiten. Heute kommt Maria uns entgegen, um uns die Wege für eine Erneuerung des Lebens unserer Gemeinden und unseres eigenen Lebens aufzuzeigen. Wenn wir ihren Sohn aufnehmen, den sie uns zeigt, tauchen wir ein in eine lebendige Quelle, in der der Glaube neue Kraft zu finden vermag, an der sich die Kirche stärken kann, um das Geheimnis Christi immer mutiger zu verkünden. Jesus, geboren von Maria, ist der Sohn Gottes, der einzige Erlöser aller Menschen, der in seiner Kirche und in der Welt lebt und wirkt. Die Kirche hat überall in der Welt die Sendung, diese eine Botschaft zu verkünden und die Menschen einzuladen, sie durch eine echte Bekehrung des Herzens aufzunehmen. Diese Sendung, die Jesus seinen Jüngern anvertraut hat, erhält hier anläßlich dieses Jubiläums neuen Schwung. Im Gefolge der großen Glaubensboten eures Landes möge der missionarische Geist, der im Lauf der Jahrhunderte so viele Männer und Frauen Frankreichs erfüllt hat, weiterhin euer Stolz und eure Aufgabe sein.

Wenn wir auf den Spuren von Bernadette den Jubiläumsweg beschreiten, wird uns das Wesentliche der Botschaft von Lourdes in Erinnerung gerufen. Bernadette ist die älteste Tochter einer sehr armen Familie, ohne Wissen und Macht, von schwacher Gesundheit. Maria hat sie ausgewählt, um ihre Botschaft der Umkehr, des Gebets und der Buße zu übermitteln, in vollem Einklang mit den Worten Jesu: »All das hast du den Weisen und Klugen verborgen, den Unmündigen aber offenbart« (Mt 11,25). Auf ihrem geistlichen Weg sind auch die Christen aufgerufen, die Gnade ihrer Taufe fruchtbar werden zu lassen, sich von der Eucharistie zu nähren und im Gebet die Kraft zu schöpfen, um Zeugnis abzulegen und solidarisch zu sein mit allen ihren Brüdern und Schwestern (vgl. *Ansprache vor der Mariensäule auf der Piazza di Spagna*, 8. Dezember 2007). Es ist also eine wirkliche Katechese, die uns unter dem Blick Marias dargeboten wird. Lassen auch wir uns von Maria belehren und auf dem Weg leiten, der in das Reich ihres Sohnes führt.

In der weiteren Folge ihrer Katechese nennt die »Schöne Dame« Bernadette ihren Namen: »Ich bin die Unbefleckte Empfängnis«. Maria offenbart ihr so die außerordentliche Gnade, die sie von Gott empfangen hat, nämlich daß sie ohne Sünde empfangen wurde, denn »auf die Niedrigkeit seiner Magd hat er geschaut« (Lk 1,48). Maria ist jene Frau unserer Erde, die sich Gott völlig überlassen und die von ihm das Vorrecht empfangen hat, seinem ewigen Sohn das menschliche Leben zu schenken. »Ich bin die Magd des Herrn; mir geschehe, wie du es gesagt hast« (Lk 1,38). Sie ist die verklärte Schönheit, das Bild der neuen Menschheit. Indem sich Maria so in ihrer totalen Abhängigkeit von Gott zeigt, bringt sie in Wirklichkeit eine Haltung völliger Freiheit zum Ausdruck, die darin gründet, daß sie ihre wahre Würde ganz erkennt. Dieses Gnadengeschenk betrifft auch uns, denn es zeigt uns unsere eigene Würde als Männer und Frauen, die zwar von der Sünde gezeichnet, aber auf Hoffnung hin gerettet sind, eine Hoffnung, die uns erlaubt, uns unserem täglichen Leben zu stellen. Dies ist der Weg, den Maria auch dem Menschen eröffnet. Sich ganz Gott überlassen bedeutet den Weg der wahren Freiheit finden. Denn wenn er sich zu Gott wendet, wird der Mensch er selbst.

Er findet seine ursprüngliche Berufung als Person wieder, die nach dem Bild Gottes und ihm ähnlich geschaffen ist.

Liebe Brüder und Schwestern, die erste Berufung des Heiligtums von Lourdes ist jene, ein Ort der Begegnung mit Gott im Gebet zu sein und ein Ort des Dienstes an den Brüdern, besonders durch die Aufnahme der Kranken, der Armen und all jener Menschen, die leiden. An diesem Ort kommt Maria zu uns als die Mutter, die immer für die Nöte ihrer Kinder da ist. Im Licht, das von ihrem Antlitz ausgeht, scheint das Erbarmen Gottes durch. Lassen wir uns von ihrem Blick berühren, der uns sagt, daß wir alle von Gott geliebt sind und er uns nie verläßt! Maria ruft uns hier in Erinnerung, daß das innige und demütige, vertrauensvolle und beständige Gebet einen zentralen Platz in unserem christlichen Leben haben soll. Das Gebet ist unerläßlich, um die Kraft Christ empfangen zu können. »Wer betet, vertut nicht seine Zeit, selbst wenn die Situation alle Anzeichen der Dringlichkeit besitzt und einzig zum Handeln zu treiben scheint« (Enzyklika *Deus caritas est,* Nr. 36). Sich ganz von den Aktivitäten in Anspruch nehmen lassen bringt die Gefahr mit sich, daß das Gebet seine spezifische christliche Bedeutung und seine wahre Wirksamkeit verliert. Das Rosenkranzgebet, das Bernadette und den Lourdes-Pilgern so teuer ist, enthält in sich die Tiefe der Botschaft des Evangeliums. Es führt uns zur Betrachtung des Antlitzes Christi hin. Aus diesem Gebet der Demütigen können wir reiche Gnaden schöpfen.

Die Gegenwart der jungen Menschen in Lourdes ist eine weitere wichtige Tatsache. Liebe Freunde, die ihr heute morgen rund um das Weltjugendtagskreuz versammelt hier zugegen seid, als Maria den Besuch des Engels empfing, war sie eine Jugendliche von Nazareth, die das einfache und tapfere Leben der Frauen ihres Ortes führte. Und wenn sich der Blick Gottes in besonderer Weise auf sie richtete und er sein Vertrauen auf sie setzte, dann will euch Maria damit erneut sagen, daß keiner von euch Gott gleichgültig ist. Er richtet seinen liebenden Blick auf jeden von euch und ruft euch zu einem glücklichen und sinnerfüllten Leben. Laßt euch von den Schwierigkeiten nicht entmutigen! Maria erschrak, als ihr der Engel verkündete, daß sie die Mutter des Erlösers werden sollte. Sie spürte, wie schwach sie angesichts der Allmacht Gottes war. Dennoch hat sie ohne zu zögern »Ja« gesagt. Und dank ihres »Ja« ist das Heil in diese Welt gekommen und hat die Geschichte der Menschheit verändert. Auch ihr, liebe Jugendliche, fürchtet euch nicht, »Ja« zu sagen zum Ruf des Herrn, wenn er euch einlädt, ihm nachzufolgen. Antwortet großzügig dem Herrn! Er allein kann die tiefsten Sehnsüchte eures Herzens stillen. Ihr kommt in großer Zahl nach Lourdes, um einen fürsorglichen und großherzigen Dienst an den Kranken oder an den übrigen Pilgern zu leisten und so Christus, dem Diener, nachzufolgen. Der Dienst an den Brüdern und Schwestern öffnet das Herz und macht einsatzbereit. In der Stille des Gebets sei Maria eure Vertraute, sie, die es verstand, zu Bernadette in Achtung vor ihrer Person und voll Vertrauen ihr gegenüber zu sprechen. Maria helfe jenen, die zur Ehe berufen sind, die Schönheit einer wahren und tiefen Liebe zu erkennen, die als gegenseitiges und treues Geschenk gelebt wird! All jenen unter euch, die er ruft, ihm in der Priester- oder Ordensberufung zu folgen, möchte ich sagen, welch großes Glück darin liegt, sein Leben ganz für den Dienst an Gott und den Menschen hinzugeben. Die Familien und die christlichen Gemeinschaften seien Orte, wo solide Berufungen zum Dienst an der Kirche und der Welt entstehen und aufblühen können!

Die Botschaft Marias ist eine Botschaft der Hoffnung für alle Männer und Frauen unserer

Zeit, aus welchem Land sie auch stammen mögen. Gern rufe ich Maria als *Stern der Hoffnung* an (Enzyklika *Spe salvi,* Nr. 50). Auf den Wegen unseres Lebens, die so oft dunkel sind, ist sie das Licht der Hoffnung, das uns erleuchtet und uns auf unserm Pfad die Richtung weist. Durch ihr »Ja«, durch das großherzige Geschenk ihrer selbst hat sie Gott die Türen unserer Welt und unserer Geschichte geöffnet. Und sie lädt uns ein, wie sie in einer unerschütterlichen Hoffnung zu leben und nicht auf jene zu hören, die behaupten, wir seien Gefangene des Schicksals. Sie begleitet uns mit ihrer mütterlichen Gegenwart inmitten der Geschehnisse im Leben der einzelnen, der Familien und der Nationen. Glücklich die Männer und Frauen, die ihr Vertrauen auf den setzen, der, als er sein Leben für unser Heil hingab, uns seine Mutter schenkte, damit sie unsere Mutter sei!

Liebe Brüder und Schwestern, hier auf dem Boden Frankreichs wird die Mutter des Herrn in unzähligen Wallfahrtsorten verehrt, die so den Glauben zeigen, der von Generation zu Generation weitergegeben wurde. Als die in den Himmel Aufgenommene ist sie die geliebte Patronin eures Landes. Möge sie stets mit Eifer in allen euren Familien, in euren Ordensgemeinschaften und Pfarrgemeinden verehrt werden! Maria wache über alle Bewohner eures schönen Landes und über die Pilger aus anderen Ländern, die zur Feier dieses Jubiläums gekommen sind! Sie möge für alle die Mutter sein, die ihren Kindern in den Freuden wie in den Prüfungen zur Seite steht! Heilige Maria, Mutter Gottes, unsere Mutter, lehre uns, mit dir glauben, hoffen und lieben. Zeige uns den Weg zum Reich deines Sohnes Jesus! Stern des Meeres, leuchte uns und führe uns auf unserem Weg! (vgl. Enzyklika *Spe salvi*, Nr. 50). Amen.

Erweise dich als Mutter aller!

Jeden Tag gibt uns das Gebet des Engel des Herrn die Möglichkeit, inmitten unserer Tätigkeiten einige Augenblicke über das Geheimnis der Menschwerdung des Sohnes Gottes nachzudenken. Zu Mittag, wenn wir schon die Mühe der ersten Stunden des Tages spüren, werden unsere Einsatzbereitschaft und unsere Großmut durch die Betrachtung des »Ja« Marias erneuert. Dieses klare und vorbehaltlose »Ja« wurzelt im Geheimnis der Freiheit Marias, einer vollkommenen und unversehrten Freiheit vor Gott, die dank des Vorrechts ihrer unbefleckten Empfängnis von jeder Verstrickung in die Sünde frei ist.

Dieses der Jungfrau Maria gewährte Vorrecht, welches sie von unserer allgemeinen menschlichen Verfaßtheit unterscheidet, entfernt sie nicht von uns, sondern bringt sie uns im Gegenteil näher. Während die Sünde trennt und uns voneinander entfernt, bringt ihre Reinheit Maria unseren Herzen unendlich nahe, indem sie jedem von uns ihre Aufmerksamkeit schenkt und unser wahres Glück wünscht. Ihr könnt es hier in Lourdes wie in allen Marienwallfahrtsorten beobachten, wie riesige Menschenmengen zu Marias Füßen zusammenströmen, um ihr das anzuvertrauen, was jeder im Innersten trägt und was ihm besonders am Herzen liegt. Das, was viele aus Verlegenheit und Scham manchmal sogar ihren Nächsten nicht anzuvertrauen wagen, bringen sie zu ihr, der Ganz Reinen, zu ihrem unbefleckten Herzen: mit Schlichtheit, ohne Getue, in Aufrichtigkeit. Gerade wegen ihrer Reinheit zögert der Mensch nicht, sich vor Maria in seiner Schwachheit zu zeigen, seine Fragen und Zweifel vorzubringen, seine Hoffnungen und geheimsten Wünsche auszusprechen. Die mütterliche Liebe der Jungfrau Maria entwaffnet jede Form von Stolz. Sie macht den Menschen fähig zu erkennen, wer er ist. Sie erweckt in ihm das Verlangen, sich zu bekehren, um Gott die Ehre zu geben.

Maria zeigt uns so die rechte Weise, vor den Herrn hinzutreten. Sie lehrt uns, sich ihm in Aufrichtigkeit und Schlichtheit zu nähern. Dank ihrer entdecken wir, daß der christliche Glaube keine Last ist, sondern gleichsam Flügel verleiht, die uns erlauben, in höchste Höhen zu fliegen, um in den Armen des Herrn Zuflucht zu finden.

Das Leben und der Glaube der Christen offenbaren, daß das Vorrecht der unbefleckten Empfängnis, das Maria verliehen wurde, nicht nur eine persönliche Gnade ist, sondern allen gilt, also eine Gnade ist, die dem gesamten Volk Gottes zuteil wird. In Maria kann die Kirche bereits das betrachten, was zu werden sie berufen ist. In ihr kann jeder Gläubige jetzt schon die endgültige Vollendung seiner persönlichen Berufung schauen. Möge jeder von uns unentwegt Dank sagen für das, was der Herr in seinem Heilsplan durch das Geheimnis Marias offenbaren wollte. In dieses Geheimnis sind wir auf ganz unmittelbare Weise eingeschlossen, denn vom Kreuz herab, dessen wir gerade heute in Verehrung gedenken, wurde uns aus dem Mund Jesu selbst kundgetan, daß seine Mutter unsere Mutter ist. Als Söhne und Töchter Marias können wir aus den Gnadengaben, die ihr geschenkt worden sind, Gewinn ziehen, und die unvergleichliche Würde, die ihr das Vorrecht der unbefleckten Empfängnis verleiht, kommt auch uns, ihren Kindern, zu.

Hier in der Nähe der Grotte und in besonderer Gemeinschaft mit allen Pilgern, die an den Marienwallfahrtsorten zugegen sind, und mit all den Kranken an Leib und Seele, die Trost suchen, preisen wir den Herrn für die Gegenwart Marias inmitten seines Volkes und an sie richten wir gläubig unser Gebet: »Heilige Maria, die du dich hier vor hundertfünfzig Jahren der jungen Bernadette gezeigt hast, du bist wirklich ein »lebendiger Hoffnungsquell« (Dante, *Par.*, XXXIII, 12).

Als vertrauensvolle Pilger, die von überall hierher gekommen sind, wollen wir noch einmal an der Quelle deines unbefleckten Herzens Glauben und Trost, Freude und Liebe, Sicherheit und Frieden schöpfen: *Monstra Te esse Matrem!* Erweise dich als Mutter aller, o Maria! Und schenke uns Christus, die Hoffnung der Welt! Amen.

Nach dem Angelus:
Von Herzen grüße ich die Pilger deutscher Sprache hier in Lourdes, besonders die Kranken, sowie alle, die über Rundfunk und Fernsehen mit uns verbunden sind. Maria ist unsere Mutter. Mit ihrer mütterlichen Fürsorge ist sie uns nahe. Dies dürfen wir immer wieder erfahren, gerade auch an diesem Wallfahrtsort. Als ihre Kinder wollen wir Maria unser Leben anvertrauen – Freuden und Sorgen, Krankheit und Leid, all unsere Anliegen. Denn wir wissen: Maria führt uns sicher zu ihrem Sohn Jesus Christus, dem Quell der Hoffnung und des Heils. Der Herr schenke euch und euren Lieben die Fülle seiner Gnade.

Weil du das Lächeln Gottes bist

Wir haben gestern das Kreuz Christi gefeiert, das Werkzeug unseres Heils, das uns die Barmherzigkeit unseres Gottes in ihrer ganzen Fülle offenbart. Das Kreuz ist in der Tat der Ort, wo das Mitleid Gottes mit unserer Welt auf vollkommene Weise sichtbar wird. Wenn wir heute das Gedächtnis der Schmerzen Mariens feiern, betrachten wir Maria, die das Mitleid ihres Sohnes für die Sünder teilt. Die Mutter Christi ist, wie der heilige Bernhard deutlich macht, durch ihr Mitleid in das Leiden und Sterben ihres Sohnes eingetreten (vgl. *Homilie zum Sonntag in der Oktav von Mariä Himmelfahrt*). Zu Füßen des Kreuzes erfüllt sich die Prophezeiung Simeons: Ihr Mutterherz wird durchbohrt (vgl. Lk 2,35) von den Qualen, die dem Unschuldigen, ihrem leiblichen Sohn, zugefügt werden. Wie Jesus geweint hat (vgl. Joh 11,35), so hat gewiß auch Maria vor dem gemarterten Körper ihres Sohnes geweint. Ihre Zurückhaltung erlaubt uns jedoch nicht, ihren abgrundtiefen Schmerz auszuloten; diesen tiefen Kummer kann das traditionelle Symbol der sieben Schwerter nur annähernd darstellen. Wie für ihren Sohn Jesus kann man sagen, daß dieses Leiden auch sie zur Vollendung geführt hat (vgl. Hebr 2,10), um sie zur Annahme der neuen geistlichen Sendung zu befähigen, die der Sohn ihr unmittelbar, bevor er »seinen Geist aufgibt«, anvertraut (vgl. Joh 19,30): zur Mutter Christi in seinen Gliedern zu werden. In dieser Stunde stellt Jesus durch die Gestalt des Lieblingsjüngers jeden seiner Jünger seiner Mutter mit den Worten vor: »Siehe, dein Sohn« (vgl. Joh 19,26–27).

Heute befindet sich Maria in der Freude und Herrlichkeit der Auferstehung. Die Tränen, die sie am Fuß des Kreuzes vergossen hat, haben sich zu einem Lächeln gewandelt, das durch nichts mehr ausgelöscht werden kann, und dennoch bleibt ihr mütterliches Mitleid uns gegenüber unverändert bestehen. Das hilfreiche Eingreifen der Jungfrau Maria im Laufe der Geschichte bestätigt das und hört nicht auf, im Volk Gottes ein unerschütterliches Vertrauen zu ihr zu wekken: Das Gebet *Memorare* (»Gedenke, o gütigste Jungfrau Maria«) bringt dieses Gefühl sehr gut zum Ausdruck. Maria liebt jedes ihrer Kinder, wobei sie ihre Aufmerksamkeit besonders auf diejenigen lenkt, die wie ihr Sohn in der Stunde seiner Passion vom Leiden heimgesucht werden; sie liebt sie, einfach weil sie nach dem Willen Christi am Kreuz ihre Kinder sind.

Der Psalmist, der aus der Ferne dieses mütterliche Band zwischen der Mutter Christi und dem gläubigen Volk erkennt, prophezeit in bezug auf die Jungfrau Maria: »dein Lächeln suchen die Edlen des Volkes« (vgl. Ps 45,13). So haben die Christen auf Anregung des inspirierten Wortes der Schrift seit jeher das Lächeln Unserer Lieben Frau gesucht, jenes Lächeln, das die Künstler im Mittelalter so wunderbar darzustellen und zur Geltung zu bringen wußten. Dieses Lächeln Mariens gilt allen; es richtet sich jedoch ganz besonders an die Leidenden, damit sie darin Trost und Linderung finden können. Das Lächeln Mariens zu suchen, ist keine Frage eines frommen oder altmodischen Sentimentalismus; es ist vielmehr der zutreffende Ausdruck der lebendigen und tief menschlichen Beziehung, die uns mit derjenigen verbindet, die uns Christus zur Mutter gegeben hat.

Der Wunsch, dieses Lächeln der Jungfrau zu betrachten, heißt nicht, sich von einer unkontrollierten Einbildung gängeln zu lassen. Die Schrift selber enthüllt uns dieses Lächeln auf den Lippen Mariens, wenn sie das *Magnifikat* singt: »Meine

Seele preist die Größe des Herrn, und mein Geist jubelt über Gott, meinen Retter« (Lk 1,46–47). Die Jungfrau Maria macht uns zu ihren Zeugen, wenn sie dem Herrn dankt. Maria teilt gleichsam im voraus mit ihren künftigen Kindern, also mit uns, die Freude, die ihrem Herzen innewohnt, damit sie auch zu unserer Freude werde. Jedes Beten des Magnifikat macht uns zu Zeugen ihres Lächelns. Hier in Lourdes wurde Bernadette während der Erscheinung vom Mittwoch, dem 3. März 1858, dieses Lächelns Mariens auf ganz besondere Weise gewahr. Dieses Lächeln war die erste Antwort, die die vornehme »Dame« der jungen Seherin gab, als diese wissen wollte, wer sie sei. Bevor sich Maria ihr einige Tage später als »die Unbefleckte Empfängnis« vorstellte, hat sie ihr zuerst ihr Lächeln zu erkennen gegeben, als wäre das der geeignetste Zugang zur Enthüllung ihres Geheimnisses.

In dem Lächeln des hervorragendsten aller Geschöpfe, das sich uns zugewandt hat, spiegelt sich unsere Würde als Kinder Gottes wider, jene Würde, die auch ein Kranker niemals verliert. Dieses Lächeln, ein wahrer Widerschein der Zärtlichkeit Gottes, ist die Quelle einer unbesiegbaren Hoffnung. Wir wissen leider: Lang ertragenes Leiden zerbricht auch das best gesicherte Gleichgewicht eines Lebens, erschüttert die festesten Grundlagen des Vertrauens und läßt einen sogar manchmal am Sinn und Wert des Lebens zweifeln. Es gibt Kämpfe, die der Mensch allein, ohne Hilfe der göttlichen Gnade, nicht bestehen kann. Wenn das Reden nicht mehr die richtigen Worte zu finden vermag, zeigt sich die Notwendigkeit einer liebenden Anwesenheit: Wir suchen dann nicht nur die Nähe derjenigen, die mit uns verwandt oder uns durch Freundschaft verbunden sind, sondern auch die Nähe jener, die uns durch das Band des Glaubens vertraut sind. Wer könnte uns näher und vertrauter sein als Christus und seine heilige Mutter, die unbefleckt Empfangene? Sie sind mehr als jeder andere dazu fähig, uns zu verstehen und die Härte des Kampfes gegen das Übel und das Leiden zu begreifen. Der Hebräerbrief sagt von Christus, er sei nicht einer, »der nicht mitfühlen könnte mit unserer Schwäche«, sondern einer, »der in allem wie wir in Versuchung geführt worden ist, aber nicht gesündigt hat« (Hebr 4,15). Ich möchte denen, die leiden, und denen, die zu kämpfen haben und versucht sind, dem Leben den Rücken zu kehren, voll Demut sagen: Wendet euch Maria zu! Im Lächeln der Jungfrau findet sich geheimnisvoll verborgen die Kraft, um den Kampf gegen die Krankheit und für das Leben weiterzuführen. Bei ihr findet man ebenso die Gnade, ohne Angst und Bitterkeit den Abschied von dieser Welt in der von Gott gewollten Stunde anzunehmen.

Wie richtig war die Intuition von Dom Jean-Baptiste Chautard, einer schönen spirituellen Gestalt Frankreichs, der in seinem Werk *Innerlichkeit. Die Seele allen Apostolats* dem eifrigen Christen vorschlug, häufig »dem Blick der Jungfrau Maria zu begegnen«! Ja, das Lächeln der Jungfrau Maria zu suchen, ist nicht ein frommer Kinderwunsch; es ist, sagt Psalm 45, das Verlangen der »Edlen des Volkes« (45,13). »Die Edlen«, das sind im Bereich des Glaubens jene, die die höchste geistliche Reife besitzen und daher in der Lage sind, ihre Schwachheit und Armseligkeit vor Gott anzuerkennen. Im Lächeln, dieser ganz schlichten Äußerung von Zuneigung, erfassen wir, daß unser einziger Reichtum die Liebe ist, die Gott zu uns hat und die durch das Herz jener geht, die unsere Mutter geworden ist. Dieses Lächeln zu suchen, bedeutet vor allem, das Ungeschuldetsein der Liebe auszukosten; es bedeutet auch, dieses Lächeln durch unser Bemühen um ein Leben nach dem Wort ihres geliebten Sohnes hervorzurufen, so wie das Kind das Lächeln der Mutter dadurch hervorzurufen versucht, daß es tut, was ihr gefällt. Und wir wissen, was Maria gefällt, dank der Worte, die sie in Kana an die Diener richtete: »Was er euch sagt, das tut« (Joh 2,5).

Das Lächeln Mariens ist eine Quelle lebendigen Wassers. »Wer an mich glaubt«, sagt Jesus, »aus dessen Innerem werden Ströme von lebendigem Wasser fließen« (vgl. Joh 7,38). Maria ist jene, die geglaubt hat, und aus ihrem Inneren sind Ströme von lebendigem Wasser geflossen, die die Geschichte der Menschen tränken sollen. Die Quelle, die Maria hier in Lourdes Bernadette gezeigt hat, ist das bescheidene Zeichen dieser geistlichen Wirklichkeit. Aus ihrem Herzen, dem Herzen einer Glaubenden und einer Mutter, fließt ein lebendiges Wasser, das reinigt und heilt. Wie viele Menschen haben beim Untertauchen im Wasser der Grotte von Lourdes die sanfte Mütterlichkeit der Jungfrau Maria entdeckt und erfahren, während sie sich an ihr festhalten, um sich besser am Herrn festhalten zu können! In der Sequenz der Liturgie dieses Festes der Schmerzensmutter wird Maria unter dem Titel »*Fons amoris*«, »Born der Liebe«, verehrt. Aus dem Herzen Mariens entspringt in der Tat eine ungeschuldete Liebe, die ihrerseits eine kindliche Liebe entstehen läßt, die sich beständig weiter entfalten soll. Maria ist wie jede Mutter und besser als jede Mutter Erzieherin zur Liebe. Deshalb kommen so viele Kranke hierher nach Lourdes, um an dieser »*Fons amoris*« ihren Durst zu stillen und sich zu der einzigen Quelle des Heils, zu ihrem Sohn, Jesus, dem Heiland, führen zu lassen.

Christus schenkt sein Heil durch die Sakramente und den Menschen, die an Krankheiten oder unter einer Behinderung leiden, schenkt er es ganz besonders durch die Gnade der Krankensalbung. Das Leiden ist für jeden immer etwas Fremdes. Sein Vorhandensein läßt sich niemals bezähmen. Es fällt daher schwer, das Leiden zu ertragen, und noch schwerer ist es, das Leiden – wie es manche große Zeugen der Heiligkeit Christi getan haben – als Bestandteil unserer Berufung anzunehmen, so wie Bernadette es ausdrückte: »alles schweigend leiden, um Jesus zu gefallen«. Um das sagen zu können, muß man schon einen langen Weg gemeinsam mit Jesus zurückgelegt haben. Dagegen ist es möglich, sich schon jetzt der Barmherzigkeit Gottes zu überlassen, die in der Gnade des Krankensakraments sichtbar wird. Bernadette selbst hat im Laufe eines Lebens, das oft von der Krankheit gezeichnet war, dieses Sakrament viermal empfangen. Die diesem Sakrament eigene Gnade besteht darin, daß der Kranke Christus, den Arzt, in sich aufnimmt. Christus ist jedoch nicht ein Arzt nach der Ordnung der Welt. Um uns zu heilen, bleibt er nicht außerhalb des Leidens, das der Kranke erduldetet; er lindert es, indem er in dem von der Krankheit heimgesuchten Menschen Wohnung nimmt, um das Leid mit ihm zu tragen und zu leben. Die Gegenwart Christi durchbricht die Isolierung, die der Schmerz hervorruft. Der Mensch trägt seine Prüfung nun nicht mehr allein, sondern als leidendes Glied Christi wird er Christus ähnlich, der sich dem Vater darbringt, und nimmt in ihm an der Entstehung der neuen Schöpfung teil.

Ohne die Hilfe des Herrn ist das Joch der Krankheit und des Leidens schrecklich schwer. Wenn wir das Sakrament der Krankensalbung empfangen, möchten wir kein anderes als das Joch Christi tragen, denn wir bauen auf sein Versprechen uns gegenüber, daß sein Joch nicht drückt und seine Last leicht ist (vgl. Mt 11,30). Ich lade die Personen, die während dieser Messe die Krankensalbung empfangen werden, ein, sich auf eine solche Hoffnung einzulassen.

Das Zweite Vatikanische Konzil hat Maria als die Gestalt vorgestellt, in der das ganze Geheimnis der Kirche zusammengefaßt ist (vgl.

Lumen gentium, Nr. 63–65). Ihre persönliche Geschichte nimmt den Weg der Kirche vorweg, die eingeladen ist, genauso wie sie den leidenden Menschen beizustehen. Einen herzlichen Gruß richte ich an die Mitglieder des Kranken- und Pflegedienstes sowie auch an alle, die in verschiedenen Funktionen in den Spitälern und in anderen Einrichtungen fachkundig und hochherzig zur Betreuung der Kranken beitragen. Ebenso möchte ich dem Aufnahme- und Empfangspersonal, den Krankenträgern und den Begleitern, die aus allen Diözesen Frankreichs und auch von noch weiter her kommen und das ganze Jahr über den kranken Lourdes-Pilgern beistehen, sagen, wie wertvoll ihr Dienst ist. Sie sind die Arme der dienenden Kirche. Schließlich will ich all jene ermutigen, die sich aufgrund ihres Glaubens der Kranken annehmen und sie besuchen, besonders in der Krankenhausseelsorge, in den Pfarreien oder wie hier in den Wallfahrtsorten. Möget ihr bei dieser wichtigen und heiklen Mission stets die wirksame und brüderliche Unterstützung eurer Gemeinden spüren! Und in diesem Sinn richtet sich mein Gruß und mein Dank auch besonders an meine Brüder im Bischofsamt, an die französischen Bischöfe, an die Bischöfe aus anderen Ländern und an die Priester: Sie alle sind Begleiter der Kranken und der vom Leid berührten Menschen auf der Welt. Danke für euren Dienst an der Seite des leidenden Herrn.

Der Dienst der Nächstenliebe, den ihr leistet, ist ein marianischer Dienst. Maria vertraut euch ihr Lächeln an, damit ihr in der Treue zu ihrem Sohn selber zu Quellen lebendigen Wassers werdet. Was ihr macht, tut ihr im Namen der Kirche, deren reinstes Bild Maria ist. Möget ihr allen ihr Lächeln bringen!

Abschließend möchte ich mich dem Gebet der Pilger und der Kranken anschließen und zusammen mit euch einen Ausschnitt aus dem Gebet an Maria aufgreifen, das für die Feier dieses Jubiläums vorgeschlagen wurde:

»Weil du das Lächeln Gottes bist, der Abglanz des Lichtes Christi, die Wohnung des Heiligen Geistes,

weil du Bernadette in ihrer Armseligkeit auserwählt hast, weil du der Morgenstern bist, die Pforte des Himmels und das erste zu neuem Leben erweckte Geschöpf«,

beten wir zu dir, Unsere Liebe Frau von Lourdes, zusammen mit unseren Brüdern und Schwestern, die an Herz und Leib Schmerzen leiden!

Der Rosenkranz: ein einzigartiges Geschenk Mariens

Auf den Spuren des Dieners Gottes Johannes Paul II. habe ich heute diese Pilgerreise nach Pompeji unternommen, um gemeinsam mit euch die Jungfrau Maria, Königin des Heiligen Rosenkranzes, zu verehren. Vor allem bin ich gekommen, um der Muttergottes, in deren Schoß das Wort Fleisch geworden ist, die Versammlung der Bischofssynode anzuvertrauen, die zur Zeit im Vatikan über das Thema des Wortes Gottes im Leben und in der Sendung der Kirche stattfindet. Mein Besuch fällt auch mit dem Weltmissionssonntag zusammen: In Maria betrachten wir diejenige, die das Wort Gottes in sich aufgenommen und es der Welt geschenkt hat, und so werden wir in dieser Messe für alle beten, die in der Kirche ihre Kräfte im Dienst der Verkündigung des Evangeliums an alle Nationen einsetzen. Danke, liebe Brüder und Schwestern, für euren freundlichen Empfang! Ich umarme euch alle mit väterlicher Zuneigung, und ich danke euch für die Gebete, die ihr von hier ohne Unterlaß für den Nachfolger Petri und für die Bedürfnisse der Universalkirche zum Himmel aufsteigen laßt.

Einen herzlichen Gruß richte ich zunächst an Erzbischof Carlo Liberati, Prälat von Pompeji und Päpstlicher Delegat für das Heiligtum. Ich danke ihm für die Worte, durch die er eure Empfindungen zum Ausdruck gebracht hat. Mein Gruß gilt auch den anwesenden zivilen und militärischen Obrigkeiten, insbesondere dem Minister für die Kulturgüter in Vertretung der Regierung, sowie dem Bürgermeister von Pompeji, der mich bei meiner Ankunft im Namen der ganzen Einwohnerschaft sehr herzlich willkommen geheißen hat. Ich grüße die Priester der Prälatur sowie die Ordensmänner und Ordensfrauen, die im Heiligtum ihrem täglichen Dienst nachgehen. Unter ihnen möchte ich die Dominikanerinnen vom Heiligen Rosenkranz von Pompeji und die Schulbrüder erwähnen; ich grüße die freiwilligen Helfer, die verschiedene Dienste leisten, und die eifrigen Apostel der Muttergottes vom Rosenkranz in Pompeji. Und wie könnte man in diesem Augenblick die Leidenden und Kranken vergessen, die alleinstehenden alten Menschen, die Jugendlichen, die in schwierigen Situationen leben, die Häftlinge und all jene, die unter Armut und unter sozialen und wirtschaftlichen Entbehrungen leiden? Alle und jeden einzelnen möchte ich meiner geistigen Nähe versichern und ihnen meine Liebe bezeugen. Jeden von euch, liebe Gläubige und Bewohner dieses Landstrichs, und auch euch, die ihr über Radio und Fernsehen im Geiste mit dieser Feier verbunden seid – euch alle vertraue ich Maria an, und ich lade euch ein, stets auf ihren mütterlichen Beistand zu vertrauen.

Sie, unsere Mutter und Lehrmeisterin, möge uns jetzt beim Nachdenken über das Wort Gottes leiten, das wir gehört haben. Die Erste Lesung und der Antwortpsalm bringen die Freude des Volkes Israel über das von Gott geschenkte Heil zum Ausdruck. Dieses Heil ist die Befreiung vom Bösen und die Hoffnung auf neues Leben. Die Prophezeiung des Zefanja ist an Israel gerichtet, das »Tochter Zion« und »Tochter Jerusalem« genannt und zur Freude aufgerufen wird: »Juble ... jauchze ... frohlocke von ganzem Herzen!« (Zef 3,14). Es ist derselbe Aufruf, den der Engel Gabriel an Maria in Nazareth richtet: »Sei gegrüßt, du Begnadete« (Lk 1,28). »Fürchte dich nicht, Zion« (Zef 3,16), sagt der Prophet; »Fürchte dich nicht, Maria« (Lk 1,30), sagt der Engel. Und der Grund für das Vertrauen ist derselbe: »Der Herr, dein Gott, ist in deiner Mitte, ein Held, der Rettung bringt« (Zef 3,17), sagt der Prophet; »der Herr ist mit dir« (Lk 1,28), versichert der Engel der Jungfrau Maria. Auch das Danklied des Jesaja endet so: »Jauchzt und jubelt, ihr Bewohner von Zion; denn groß ist in eurer Mitte der Heilige Israels« (Jes 12,6). Die Gegenwart des Herrn ist ein Quell der Freude, denn dort, wo er ist, ist das Böse besiegt und triumphieren das Leben und der Friede. Ich möchte vor allem die wunderbaren Worte des Zefanja hervorheben, der zu Jerusalem sagt: Der Herr »erneuert seine Liebe zu dir« (3,17). Ja, die Liebe Gottes hat die Macht, alles zu erneuern, angefangen beim menschlichen Herzen, das ihr Meisterwerk ist und wo der Heilige Geist sein verwandelndes Wirken in höchster Form vollbringt. Durch seine Gnade erneuert Gott das Herz des Menschen, indem er ihm seine Sünde vergibt, ihn mit sich versöhnt und ihn nach dem Guten streben läßt. All das wird im Leben der Heiligen offenbar, und hier sehen wir es besonders im apostolischen Werk des seligen Bartolo Longo, dem Gründer des neuen Pompeji. Und so öffnen wir in dieser Stunde auch unser Herz für diese Liebe, die den Menschen und alle Dinge erneuert.

Von ihren Anfängen an hat die christliche Gemeinde in der Personifizierung Israels und

Jerusalems durch eine weibliche Gestalt eine bedeutsame und prophetische Parallele zur Jungfrau Maria erblickt. Sie wird als »Tochter Zion« erkannt und als Urbild des Volkes, das beim Herrn »Gnade gefunden hat«. Diese Auslegung finden wir auch im biblischen Bericht über die Hochzeit von Kana (Joh 2,1–11). Der Evangelist Johannes bringt zeichenhaft zum Ausdruck, daß Jesus der Bräutigam Israels ist, des neuen Israel, das wir alle im Glauben sind, der Bräutigam, der gekommen ist, um die Gnade des Neuen Bundes zu bringen, die durch den »guten Wein« symbolisiert wird. Gleichzeitig hebt das Evangelium auch die Rolle Marias hervor. Sie wird am Anfang als »Mutter Jesu« bezeichnet, aber später nennt sie der Sohn selbst »Frau« – und das hat eine sehr tiefe Bedeutung: Es heißt nämlich, daß Jesus zu unserem Erstaunen der Verwandtschaft das geistliche Band voranstellt, demzufolge Maria die geliebte Braut des Herrn verkörpert, also das Volk, das er auserwählt hat, um seinen Segen über die ganze Menschheitsfamilie kommen zu lassen. Das Zeichen des Weines, gemeinsam mit dem des Festmahls, nimmt das Thema der Freude und des Festes wieder auf. Darüber hinaus spielt der Wein, ebenso wie die anderen biblischen Bilder vom Weinberg und vom Weinstock, sinnbildlich auf die Liebe Gottes an: Gott ist der Winzer, Israel ist der Weinberg, ein Weinberg, der seine vollkommene Verwirklichung in Christus finden wird, dessen Reben wir sind; und der Wein ist die Frucht, also die Liebe, denn eben die Liebe erwartet Gott von seinen Kindern. Und beten wir zum Herrn, der Bartolo Longo die Gnade geschenkt hat, die Liebe an diesen Ort zu tragen, daß auch unser Leben und unser Herz diese Frucht der Liebe hervorbringen und so die Erde erneuern mögen.

Zur Liebe ermahnt uns auch der Apostel Paulus in der Zweiten Lesung, die dem Brief an die Römer entnommen ist. In diesem Abschnitt finden wir das Lebensprogramm einer christlichen Gemeinde abgesteckt, deren Glieder durch die Liebe erneuert wurden und die sich bemühen, sich ständig wieder zu erneuern, um stets zu prüfen und zu erkennen, was der Wille Gottes ist, und sich nicht an diese Welt anzugleichen (vgl. 12,1–2). Das neue Pompeji ist, wenn auch mit den Grenzen jeder menschlichen Wirklichkeit, ein Beispiel für diese neue Zivilisation, die sich unter dem mütterlichen Blick Marias gebildet und entwickelt hat. Und das Merkmal der christlichen Zivilisation ist die Liebe: die Liebe Gottes, die zur Nächstenliebe wird. Wenn nun der heilige Paulus an die Christen von Rom schreibt: »Laßt nicht nach in eurem Eifer, laßt euch vom Geist entflammen und dient dem Herrn« (12,11), dann gehen unsere Gedanken zu Bartolo Longo und zu den vielen Werken der Liebe, die er für die ärmsten und bedürftigsten unserer Brüder ins Leben rief. Angespornt von der Liebe, war er fähig, eine neue Stadt zu planen, die dann um das Marienheiligtum herum entstand, gleichsam als Abglanz seines Lichts des Glaubens und der Hoffnung: eine Hochburg Marias und der Nächstenliebe, die jedoch nicht von der Welt getrennt ist – keine, wie man so schön sagt, »Kathedrale in der Wüste« –, sondern die in dieses Tal und seine Umgebung eingebunden ist, um ihnen Erlösung und Unterstützung zu bringen. Die Geschichte der Kirche ist – Gott sei Dank – reich an Erfahrungen dieser Art, und auch heute finden sich etliche davon in allen Teilen der Erde. Es sind Erfahrungen der Brüderlichkeit, die das Antlitz einer anderen Gesellschaft zeigen, die als Sauerteig in das weltliche Umfeld hineingestellt ist. Die Kraft der Liebe ist unwiderstehlich: Die Liebe ist es, die wirklich die Welt voranbringt!

Wer hätte jemals gedacht, daß hier neben den Überresten des antiken Pompeji ein Marienheiligtum von Weltrang entstehen würde – und so viele soziale Werke, durch die das Evangelium zum konkreten Dienst an Menschen wird, die sich in größter Not befinden? Wo Gott hinkommt, dort blüht die Wüste! Auch der selige Bartolo Longo legt durch seine persönliche Bekehrung von dieser geistlichen Kraft Zeugnis ab, die den Menschen innerlich verwandelt und ihn fähig macht, große Dinge zu tun, die Gottes Plan entsprechen. Die Geschichte seiner geistlichen Krise und seiner Bekehrung ist heute sehr aktuell. Er hatte sich nämlich während seiner Studienzeit in Neapel unter dem Einfluß immanentistischer und positivistischer Philosophen vom christlichen Glauben entfernt, war zu einem militanten Antiklerikalen geworden und gab sich auch spiritistischen und abergläubischen Praktiken hin. Seine Bekehrung, durch die Entdeckung des wahren Antlitzes Gottes, enthält für uns eine äußerst vielsagende Botschaft, denn leider fehlt es in unseren Tagen nicht an derartigen Tendenzen. Jetzt im Paulusjahr möchte ich hervorheben, daß auch Bartolo Longo, wie der heilige Paulus, vom Verfolger zum Apostel wurde: zum Apostel des christlichen Glaubens, der Marienverehrung und besonders des Rosenkranzes, in dem er eine Synthese des ganzen Evangeliums erblickte.

Diese von ihm neugegründete Stadt ist daher ein geschichtlicher Beleg dafür, wie Gott die Welt verwandelt: Er erfüllt das Herz eines Menschen mit Liebe und macht ihn zu einem »Motor« der religiösen und gesellschaftlichen Erneuerung. Pompeji ist ein Beispiel dafür, wie der Glaube in der Stadt des Menschen wirken kann, indem er Apostel der Nächstenliebe erweckt, die sich in den Dienst der Geringen und Armen stellen und darauf hinwirken, daß auch die Letzten in ihrer Würde geachtet werden und Annahme und Förderung finden. Hier in Pompeji versteht man, daß Gottesliebe und Nächstenliebe untrennbar sind. Hier findet das echte christliche Volk, die Menschen, die täglich dem Leben gegenüberstehen und viele Opfer bringen, die Kraft, im Guten auszuharren, ohne Kompromisse einzugehen. Hier, zu Füßen Marias, finden die Familien erneut die Freude der Liebe, die sie vereint hält, oder festigen sie. Es war daher sehr passend, daß vor genau einem Monat in Vorbereitung auf meinen heutigen Besuch eine besondere »Wallfahrt der Familien für die Familie« unternommen worden ist, um diese grundlegende Keimzelle der Gesellschaft der Muttergottes anzuvertrauen. Die allerseligste Jungfrau möge über jede Familie und das ganze italienische Volk wachen!

Vor allem mögen dieses Heiligtum und diese Stadt auch weiterhin stets einem einzigartigen Geschenk Marias verbunden bleiben: dem Rosenkranzgebet. Wenn wir auf dem berühmten Gemälde der Muttergottes von Pompeji sehen, wie die jungfräuliche Mutter und das Jesuskind der heiligen Katharina von Siena und dem heiligen Dominikus die Rosenkränze überreichen, dann verstehen wir sofort, daß dieses Gebet uns durch Maria zu Jesus führt, wie uns auch der teure Papst Johannes Paul II. im Apostolischen Schreiben *Rosarium Virginis Mariae* gelehrt hat, in dem er den seligen Bartolo Longo und das Charisma von Pompeji ausdrücklich erwähnt. Der Rosenkranz ist ein kontemplatives Gebet, das allen zugänglich ist: Großen und Kleinen, Laien und Klerikern, Menschen mit gehobener und anderen mit geringer Bildung. Er ist ein geistliches Band mit Maria, um mit Jesus vereint zu bleiben, um ihm ähnlich zu werden, sich seine Empfindungen zu eigen zu machen und sich so zu verhalten, wie er sich verhalten hat. Der Rosenkranz ist eine geistliche »Waffe« im Kampf gegen das Böse, gegen jede Gewalt, für den Frieden in den Herzen, in den Familien, in der Gesellschaft und in der Welt.

Liebe Brüder und Schwestern, in dieser Eucharistiefeier, der unerschöpflichen Quelle des

Lebens und der Hoffnung, der persönlichen und gesellschaftlichen Erneuerung, wollen wir Gott danken, daß er uns in Bartolo Longo einen leuchtenden Zeugen dieser Wahrheit des Evangeliums geschenkt hat. Und wir wollen unser Herz noch einmal Maria zuwenden mit den Worten des Bittgebets, das wir nachher gemeinsam beten werden: »Du bist unsere Mutter, unsere Fürsprecherin, unsere Hoffnung ... O Mutter, hab Erbarmen mit uns ... Erbarme dich aller, du Mutter der Barmherzigkeit«. Amen.

Der Rosenkranz – Schule der Betrachtung und der Stille

Bevor ich das Heiligtum betreten habe, um gemeinsam mit euch den Rosenkranz zu beten, habe ich kurz vor dem Schrein des seligen Bartolo Longo verweilt, und im Gebet habe ich mich gefragt: »Woher bekam dieser große Apostel Marias die notwendige Kraft und Ausdauer, um ein so beeindruckendes Werk zu vollbringen, das nunmehr auf der ganzen Welt bekannt ist? Bekam er sie nicht gerade aus dem Rosenkranz, den er als wahres Geschenk aus dem Herzen der Muttergottes annahm?« Ja, so war es in der Tat! Das bezeugt die Erfahrung der Heiligen: Dieses volkstümliche Mariengebet ist ein kostbares geistliches Mittel, um in der Vertrautheit mit Jesus zu wachsen und in der Schule der allerseligsten Jungfrau zu lernen, stets den göttlichen Willen zu tun. Es ist eine Betrachtung der Geheimnisse Christi in geistlicher Vereinigung mit Maria, wie der Diener Gottes Paul VI. im Apostolischen Schreiben *Marialis cultus* hervorgehoben hat (vgl. Nr. 46) und mein

Vorgänger Johannes Paul II. später im Apostolischen Schreiben *Rosarium Virginis Mariae* ausführlich darlegte, das ich heute der Gemeinschaft von Pompeji und einem jeden von euch im Geiste noch einmal überreiche. Ihr, die ihr hier in Pompeji lebt und wirkt, besonders ihr, liebe Priester, Ordensmänner, Ordensfrauen und Laien, die ihr in diesem einzigartigen Teil der Kirche wirkt, seid alle berufen, euch das Charisma des seligen Bartolo Longo zu eigen zu machen und in dem Maße und auf die Weise, wie Gott es euch gestattet, wahre Apostel des Rosenkranzes zu werden.

Aber um Apostel des Rosenkranzes zu sein, muß man die Schönheit und die Tiefe dieses einfachen und jedem Menschen zugänglichen Gebets persönlich erfahren. Vor allem muß man sich von der Jungfrau Maria an der Hand führen lassen, um das Antlitz Christi zu betrachten: ein freudenreiches, lichtreiches, schmerzhaftes und glorreiches Antlitz. Wer wie Maria und gemeinsam mit ihr die Geheimnisse Jesu bewahrt und sie unermüdlich betrachtet, der macht sich seine Empfindungen immer mehr zu eigen und wird ihm ähnlich. Ich möchte in diesem Zusammenhang einen schönen Gedanken des seligen Bartolo Longo zitieren. Er schreibt: »Wie zwei Freunde, die sich öfters besuchen, sich in ihren Gewohnheiten anzugleichen pflegen, so können auch wir, die wir in familiärer Vertrautheit mit Jesus und der Jungfrau in der Betrachtung der Rosenkranzgeheimnisse sprechen und gemeinsam ein und dasselbe Leben in der Kommunion vollziehen, ihnen gleich werden, soweit dies unsere Begrenztheit erlaubt: Von diesen höchsten Beispielen können wir das demütige, arme, verborgene, geduldige und vollkommene Leben erlernen« *(I Quindici Sabati del Santissimo Rosario,* 27. Aufl., Pompeji 1916, S. 27; zitiert in *Rosarium Virginis Mariae,* 15).

Der Rosenkranz ist Schule der Betrachtung und der Stille. Auf den ersten Blick mag er wie ein Gebet erscheinen, bei dem Worte aneinandergereiht werden und das daher schwer vereinbar ist mit der Stille, die zu Recht für die Meditation und die Betrachtung empfohlen wird. In Wirklichkeit stört das gleichmäßige Wiederholen des »Ave Maria« die innere Stille nicht, sondern erfordert sie vielmehr und nährt sie. Ähnlich wie bei den Psalmen im Stundengebet kommt die Stille durch die Worte und Sätze hindurch zum Vorschein – nicht als eine Leere, sondern als eine Anwesenheit des letzten Sinnes aller Dinge, der die Worte übersteigt und gemeinsam mit ihnen zum Herzen spricht. So müssen wir beim wiederholten Beten des »Ave Maria« darauf achtgeben, daß unsere Stimmen die Stimme Gottes nicht »überlagern «, denn er spricht immer durch die Stille, wie »ein sanftes, leises Säuseln« (1 Kön 19,12). Wie wichtig ist es also, sowohl im persönlichen als auch im gemeinschaftlichen Gebet diese Stille zu pflegen, die erfüllt ist von Gott! Auch wenn er so wie heute von einer großen Gemeinde gebetet wird, wie ihr es jeden Tag in diesem Heiligtum tut, muß der Rosenkranz als kontemplatives Gebet wahrgenommen werden, und das kann nicht geschehen, wenn eine Atmosphäre innerer Stille fehlt.

Ich möchte noch einen weiteren Gedanken hinzufügen, der das Wort Gottes im Rosenkranz betrifft. Er ist besonders angebracht in diesem Augenblick, in dem im Vatikan die Bischofssynode stattfindet, die unter dem Thema steht: »Das Wort Gottes im Leben und in der Sendung der Kirche«. Wenn die christliche Betrachtung nicht vom Wort Gottes absehen kann, dann muß auch der Rosenkranz, um ein kontemplatives Gebet zu sein, stets aus der Stille des Herzens als Antwort auf das Wort Gottes hervorkommen, nach dem Vorbild des Betens Marias. Bei genauerem Hinsehen ist der Rosenkranz ganz mit Elementen aus der Heiligen Schrift durchwirkt. Zunächst wird das Geheimnis formuliert, was möglichst, so wie heute, mit Worten geschehen sollte, die der Bibel entnommen sind. Dann folgt das »Vaterunser«: Es verleiht dem Gebet seine »vertikale« Ausrichtung und macht so das Herz dessen, der den Rosenkranz betet, offen für die rechte Haltung der Kindschaft, gemäß der Einladung des Herrn: »Wenn ihr betet, so sprecht: Vater ...« (Lk 11,2). Der erste Teil des »Ave Maria« – auch er stammt aus dem Evangelium – läßt uns jedesmal wieder die Worte, die Gott durch den Engel an die Jungfrau Maria richtete, zusammen mit den Segensworten ihrer Cousine Elisabeth vernehmen. Der zweite Teil des »Ave Maria« ist die Antwort der Kinder, die sich bittend an die Mutter wenden und damit nichts anderes tun als ihre Zustimmung zum Heilsplan zum Ausdruck zu bringen, den Gott offenbart hat. So bleiben die Gedanken derer, die beten, stets in der Heiligen Schrift und in den Geheimnissen verankert, die in ihr aufgezeigt werden.

Abschließend möchte ich im Gedenken an den Weltmissionssonntag, den wir heute feiern, die apostolische Dimension des Rosenkranzes in Erinnerung rufen, eine Dimension, die der selige Bartolo Longo sehr intensiv gelebt hat. Dadurch wurde er dazu inspiriert, in diesem Landstrich viele Werke der Nächstenliebe und der menschlichen und gesellschaftlichen Förderung ins Leben zu rufen. Darüber hinaus wollte er, daß dieses Heiligtum der ganzen Welt offensteht, als Zentrum der Verbreitung des Rosenkranzgebets und als Ort der Fürbitte für den Frieden unter den Völkern. Liebe Freunde, diese beiden Aufgaben, das Apostolat der Nächstenliebe und das Gebet für den Frieden, möchte ich bestätigen und sie erneut eurem geistlichen und pastoralen Einsatz anvertrauen. Nach dem Vorbild und mit dem Beistand eures verehrten Gründers sollt ihr niemals müde werden, mit Leidenschaft in diesem Teil des Weinbergs des Herrn zu arbeiten, dem die Muttergottes ihre besondere Liebe erwiesen hat.

Liebe Brüder und Schwestern, die Stunde meines Abschieds von euch und von diesem schönen Heiligtum ist gekommen. Ich danke euch für die herzliche Aufnahme und vor allem für euer Gebet. Ich danke dem Erzbischof-Prälaten und Päpstlichen Delegaten sowie seinen Mitarbeitern und allen, die dazu beigetragen haben, meinen Besuch aufs beste vorzubereiten. Ich muß euch verlassen, aber mein Herz bleibt diesem Landstrich und dieser Gemeinschaft nahe. Ich vertraue euch alle der allerseligsten Jungfrau vom Heiligen Rosenkranz an und erteile jedem von Herzen den Apostolischen Segen.

Mit kindlichem Vertrauen

Das Jahr, das nun zu Ende geht, und das Jahr, das sich am Horizont ankündigt, stehen beide unter dem segnenden Blick der allerseligsten Mutter Gottes. Auch die kunstvoll gefertigte farbige Holzskulptur, die hier neben dem Altar steht und die sie auf dem Thron mit dem segnenden Kind zeigt, ruft uns ihre mütterliche Gegenwart ins Gedächtnis. Wir feiern die Erste Vesper dieses Marienhochfestes; sie enthält zahlreiche liturgische Bezüge zum Geheimnis der Gottesmutterschaft der Jungfrau Maria.

»*O admirabile commercium!* O wunderbarer Tausch!«: So beginnt die Antiphon des ersten Psalms, die dann fortfährt: »Der den Menschen erschuf, nimmt menschliches Leben an und wird aus der Jungfrau geboren.« »In der Geburt aus der Jungfrau erfüllte sich die Schrift«, verkündet die Antiphon des zweiten Psalms, die in den Worten der dritten Antiphon noch einmal anklingt. Sie hat uns eingeführt in das Canticum, das dem Brief des Paulus an die Epheser entnommen ist: »Unversehrt ist deine Jungfräulichkeit, Mutter Gottes: Wir loben dich, bete für uns«. Die Gottesmutterschaft Marias wird auch in der soeben verkündeten Kurzlesung hervorgehoben, die uns noch einmal die wohlbekannten Verse des Galaterbriefes hören läßt: »Als aber die Zeit erfüllt war, sandte Gott seinen Sohn, geboren von einer Frau ... damit wir die Sohnschaft erlangen« (Gal 4,4–5). Und auch im traditionellen *»Te Deum«*, das wir am Ende unserer Feier vor dem Allerheiligsten Sakrament anstimmen werden, das feierlich zur Anbetung ausgesetzt wird, werden wir singen: *»Tu, ad liberandum suscepturus hominem, non horruisti Virginis uterum«*: »Du hast der Jungfrau Schoß nicht verschmäht, bist Mensch geworden, den Menschen zu befreien.«

Alles lädt uns also an diesem Abend ein, den Blick auf sie zu richten, die »Gottes Wort in ihrem Herzen und in ihrem Leib empfing und der Welt das Leben brachte« und die – wie das Zweite Vatikanische Konzil in Erinnerung ruft – gerade deshalb »als wahre Mutter Gottes ... anerkannt und geehrt« wird (Konstitution *Lumen gentium*, 53). Die Geburt Christi, derer wir in diesen Tagen gedenken, ist ganz durchdrungen vom Licht Marias, und während wir an der Krippe innehalten, um das Kind zu betrachten, ist der Blick natürlich auch dankbar auf die Mutter gerichtet, die mit ihrem »Ja« das Geschenk der Erlösung ermöglicht hat. Daher ist die Weihnachtszeit tief marianisch geprägt; die Geburt Jesu, des Gottmenschen, und die göttliche Mutterschaft Marias sind voneinander untrennbare Wirklichkeiten; das Geheimnis Marias und das Geheimnis des eingeborenen Sohnes Gottes, der Mensch wird, bilden ein einziges Geheimnis, wobei eines das andere besser verstehen läßt.

Maria, Mutter Gottes – *»Theotókos«, »Dei Genitrix«:* Seit der Antike wird Unsere Liebe Frau mit diesem Titel verehrt. Im Westen gab es jedoch viele Jahrhunderte lang kein besonderes Fest, das der Gottesmutterschaft Mariens geweiht war. Papst Pius XI. führte es in der lateinischen Kirche 1931 anläßlich des 1500. Jahrestags des Konzils von Ephesus ein und legte es auf den 11. Oktober. An diesem Tag begann im Jahr 1962 das Zweite Vatikanische Konzil. Der Diener Gottes Paul VI. setzte dieses Hochfest dann für den 1. Januar fest, wobei er eine alte Tradition wieder aufnahm. Und im Apostolischen Schreiben *Marialis cultus* vom 2. Februar 1974 erklärte er den Grund für diese Entscheidung und die Verbindung mit dem Weltfriedenstag. Paul VI. schrieb: »Bei der Neuordnung des

Weihnachtsfestkreises will es Uns scheinen, daß die gemeinsame Aufmerksamkeit auf das wiedereingeführte Fest der heiligen Gottesgebärerin Maria hingelenkt werden muß ... ist es dazu angetan, den Anteil feierlich herauszustellen, den Maria bei diesem Heilsgeheimnis innehatte ... Gleichermaßen bietet sich eine wiederum günstige Gelegenheit, den neugeborenen Friedensfürsten anzubeten, die Frohbotschaft der Engel zu vernehmen (vgl. Lk 2,14) und von Gott durch die Vermittlung der Königin des Friedens das hohe Geschenk des Friedens zu erflehen« (Nr. 5).

An diesem Abend wollen wir in die Hände der himmlischen Mutter Gottes unser gemeinsames Danklied an den Herrn legen für die Wohltaten, die er uns in den vergangenen zwölf Monaten so überreich erwiesen hat. Die erste Empfindung, die am heutigen Abend wie von selbst aus dem Herzen hervorkommt, ist der Lob und der Dank gegenüber dem Herrn, der uns die Zeit schenkt, eine kostbare Gelegenheit, Gutes zu tun; daran schließen wir die Bitte um Vergebung an, weil wir sie vielleicht nicht immer gut gebraucht haben. Ich freue mich, diesen Dank mit euch zu teilen, liebe Brüder und Schwestern (...) Das ewige Wort des Vaters ist in die Welt gekommen und hat uns so die Nähe Gottes und die letzte

Wahrheit über den Menschen und seine ewige Bestimmung offenbart; es ist gekommen, um bei uns zu bleiben, um unser unersetzlicher Halt zu sein, besonders in den unvermeidlichen Schwierigkeiten des Alltags. Und an diesem Abend erinnert uns die allerseligste Jungfrau selbst daran, welch großes Geschenk uns Jesus in seiner Geburt gemacht hat, welch kostbaren »Schatz« seine Menschwerdung für uns darstellt. In seiner Geburt kommt Jesus, um uns sein Wort zu schenken als Licht, das unsere Schritte leitet; er kommt, um sich selbst darzubringen, und von ihm müssen wir Zeugnis ablegen in unserem täglichen Leben. Wir müssen uns bewußt sein: »Tatsächlich klärt sich nur im Geheimnis des fleischgewordenen Wortes das Geheimnis des Menschen wahrhaft auf« (*Gaudium et spes*, 22).

(...)

In dieser unserer Zeit, die von Ungewißheit und Besorgnis um die Zukunft geprägt ist, ist es notwendig, die lebendige Gegenwart Christi zu erfahren. Maria, der Stern der Hoffnung, führt uns zu ihm. Durch ihre mütterliche Liebe kann sie besonders die Jugendlichen zu Christus führen, die in ihrem Herzen die Frage nach dem Sinn des menschlichen Lebens tragen, die nicht unterdrückt werden kann. Ich weiß, daß verschiedene

Gruppen von Eltern, die sich treffen, um ihre Berufung zu vertiefen, nach neuen Wegen suchen, um ihren Kindern zu helfen, auf die großen existentiellen Fragen zu antworten. Ich fordere sie herzlich auf, gemeinsam mit der ganzen christlichen Gemeinde den neuen Generationen die Freude zu bezeugen, die aus der Begegnung mit Jesus kommt, der in Bethlehem geboren wurde, nicht um uns etwas wegzunehmen, sondern um uns alles zu schenken.

In der Weihnachtsnacht habe ich besonders die Kinder in Erinnerung gerufen, heute abend dagegen möchte ich vor allem den Jugendlichen meine Aufmerksamkeit widmen. Liebe Jugendliche, ihr seid verantwortlich für die Zukunft unserer Stadt. Habt keine Angst vor der Aufgabe des Apostolats, die der Herr euch anvertraut. Zögert nicht, einen Lebensstil zu wählen, der nicht der gegenwärtigen hedonistischen Mentalität folgt. Der Heilige Geist sichert euch die Kraft zu, die notwendig ist, um die Freude des Glaubens und die Schönheit des Christseins zu bezeugen. Das wachsende Bedürfnis nach Evangelisierung erfordert zahlreiche Arbeiter im Weinberg des Herrn: Zögert nicht, ihm bereitwillig zu antworten, wenn er euch ruft. Die Gesellschaft braucht Bürger, die nicht nur für ihre eigenen Interessen

Sorge tragen, denn – wie ich am Weihnachtstag in Erinnerung gerufen habe – »wenn jeder nur an seine eigenen Interessen denkt, kann die Welt nur zugrunde gehen«.

Liebe Brüder und Schwestern, dieses Jahr endet mit dem Bewußtsein um eine wachsende soziale und wirtschaftliche Krise, die nunmehr die ganze Welt betrifft, eine Krise, die von allen Menschen mehr Einfachheit und Solidarität fordert, um besonders den Personen und Familien zu Hilfe zu kommen, die sich in sehr ernsthaften Schwierigkeiten befinden. Die christliche Gemeinde setzt sich bereits dafür ein, und ich weiß, daß die diözesane Caritas und andere Hilfsorganisationen alles in ihren Kräften Stehende tun. Die Mitarbeit aller ist notwendig, denn niemand soll glauben, allein das eigene Glück aufzubauen. Auch wenn sich am Horizont nicht wenige Schatten über unserer Zukunft abzeichnen, so dürfen wir keine Angst haben. Unsere große Hoffnung als Gläubige ist das ewige Leben in der Gemeinschaft mit Christus und mit der ganzen Familie Gottes. Diese große Hoffnung gibt uns die Kraft, den Schwierigkeiten des Lebens in dieser Welt zu begegnen und sie zu überwinden. Die mütterliche Gegenwart Marias versichert uns an diesem Abend, daß Gott uns niemals verläßt, wenn wir uns ihm anvertrauen und seiner Lehre folgen. Bringen wir also Maria mit kindlicher Liebe und kindlichem Vertrauen die Erwartungen und Hoffnungen und auch die Ängste und Schwierigkeiten dar, die wir im Herzen tragen, während wir vom Jahr 2008 Abschied nehmen und uns anschicken, das Jahr 2009 willkommenzuheißen. Sie, die Jungfrau und Mutter, bietet uns das Kind, das in der Krippe liegt, als unsere einzige sichere Hoffnung dar. Voll Vertrauen können wir also am Ende des *»Te Deum«* singen: *»In te, Domine, speravi: non confundar in aeternum«* – »Auf dich, o Herr, habe ich meine Hoffnung gesetzt. In Ewigkeit werde ich nicht zuschanden.« Ja, Herr, auf dich hoffen wir, heute und immerdar; auf dich setzen wir unsere Hoffnung. Amen!

Begleite uns, himmlische Mutter des Erlösers!

Liebe Brüder und Schwestern, ich denke, daß sich die Jungfrau Maria mehr als einmal diese Frage gestellt hat: Warum wollte Jesus von einem einfachen und demütigen Mädchen wie mir geboren werden? Und dann: Warum wollte er in einem Stall zur Welt kommen und als erstes von den Hirten von Bethlehem besucht werden? Die volle Antwort fand Maria am Ende, nachdem sie den toten und in Tücher gehüllten Leib Jesu ins Grab gelegt hatte (vgl. Lk 23,53). Da verstand sie völlig das Geheimnis der Armut Gottes. Sie verstand, daß Gott für uns arm geworden war, um uns mit seiner Armut zu bereichern, die voller Liebe ist, um uns zu ermahnen, der unersättlichen Gier Einhalt zu gebieten, die Kämpfe und Spaltungen hervorruft, um uns einzuladen, die Besitzgier zu mäßigen und so für das Teilen und die gegenseitige Aufnahme bereit zu sein. An Maria, die Mutter des Sohnes Gottes, der unser Bruder geworden ist, richten wir vertrauensvoll unser Gebet, damit sie uns helfe, seinen Spuren zu folgen, die Armut zu bekämpfen und zu besiegen, den wahren Frieden zu errichten, der *»opus iustitiae«* ist. Ihr vertrauen wir die tiefe Sehnsucht nach einem Leben in Frieden an, die aus dem Herzen der großen Mehrheit der israelischen und palästinensischen Bevölkerung aufsteigt, die erneut der Gefahr der enormen Gewalt ausgesetzt ist, die im Gazastreifen als Antwort auf andere Gewalttaten ausgebrochen ist. Auch die Gewalt, auch der Haß und das Mißtrauen sind Formen der Armut – vielleicht die fürchterlichsten –, die es zu »bekämpfen« gilt. Sie dürfen nicht die Oberhand gewinnen! In diesem Sinn haben die Hirten der dortigen Kirchen während dieser traurigen Tage ihre Stimme erhoben. Gemeinsam mit ihnen und ihren Gläubigen, vor allem mit denen der kleinen, aber lebendigen Pfarrgemeinde von Gaza, legen wir Maria unsere Sorgen um die Gegenwart und unsere Befürchtungen für die Zukunft zu Füßen, aber auch unsere begründete Hoffnung, daß es mit dem weisen und weitblickenden Beitrag aller nicht unmöglich sein wird, aufeinander zu hören, aufeinander zuzugehen und konkrete Antworten auf den verbreiteten Wunsch nach einem Leben in Frieden, Sicherheit und Würde zu geben. Sprechen wir zu Maria: Begleite uns, himmlische Mutter des Erlösers, das ganze Jahr lang, das heute beginnt, und erwirke bei Gott das Geschenk des Friedens für das Heilige Land und die ganze Menschheit. Heilige Gottesmutter, bitte für uns. Amen.

Unter himmlischem Schutz

1. Euch allen, die ihr euch hier eingefunden habt, um unter dem mütterlichen Blick Unserer Lieben Frau von Guadalupe das VI. Welttreffen der Familien zu begehen, wünsche ich: »Gnade sei mit euch und Friede von Gott, unserem Vater, und vom Herrn Jesus Christus« (2 Thess 1,2).

Ihr habt soeben den heiligen Rosenkranz gebetet und die freudenreichen Geheimnisse des menschgewordenen Gottessohnes betrachtet, der in der Familie von Maria und Josef geboren wurde und in Nazareth in der häuslichen Vertrautheit aufwuchs, zwischen den Alltagsbeschäftigungen, dem Gebet und den Beziehungen zu den Nachbarn. Seine Familie nahm ihn mit Liebe an und behütete ihn, führte ihn in die Einhaltung der religiösen Traditionen und der Gesetze seines Volkes ein, sie begleitete ihn bis zur menschlichen Reife und zu der Sendung, für die er bestimmt war. »Jesus aber wuchs heran, und seine Weisheit nahm zu, und er fand Gefallen bei Gott und den Menschen« (Lk 2,52).

Im Wechsel mit den freudenreichen Geheimnissen gab es die Zeugnisse einiger christlicher Familien aus allen fünf Kontinenten, die gleichsam ein Echo und Widerschein der Geschichte Jesu und seiner Familie in unserer Zeit sind. Diese Zeugnisse haben uns gezeigt, daß der Same des Evangeliums in den verschiedenen Situationen der heutigen Welt weiterhin keimt und Früchte trägt.

2. Das Thema dieses VI. Welttreffens der Familien – »Die Familie, Erzieherin zu den menschlichen und christlichen Werten« – erinnert daran, daß das Zuhause für alle Glieder der Familie eine Schule der Humanität und des christlichen Lebens ist, mit positiven Konsequenzen für die Menschen, die Kirche und die Gesellschaft. Tatsächlich ist die Familie dazu berufen, die gegenseitige Liebe und die Wahrheit, den Respekt und die Gerechtigkeit, die Treue und die Zusammenarbeit, den Dienst und die Verfügbarkeit den anderen, besonders den Schwächsten gegenüber zu leben und zu pflegen. Die christliche Familie, die »die lebendige Gegenwart des Erlösers in der Welt und die wahre Natur der Kirche allen kundmachen soll« (*Gaudium et spes*, 48), muß von der Gegenwart Gottes durchdrungen sein, wäh-

rend sie die Angelegenheiten des Alltags in seine Hände legt und für die angemessene Erfüllung ihrer unverzichtbaren Sendung seine Hilfe erbittet.

3. Dazu ist das Gebet in der Familie in den passendsten und wichtigsten Augenblicken von größter Bedeutung, »denn« – wie der Herr selbst versichert hat – »wo zwei oder drei in meinem Namen versammelt sind, da bin ich mitten unter ihnen« (Mt 18,20). Und der Meister ist gewiß in der Familie gegenwärtig, die das Wort Gottes hört und darüber nachdenkt, die von ihm lernt, was das Wichtigste im Leben ist (vgl. Lk 10,41–42), und seine Lehren in die Praxis umsetzt (vgl. Lk 11,18). Auf diese Weise wandelt und verbessert sich schrittweise das persönliche und familiäre Leben, wird der Dialog bereichert, der Glaube an die Kinder weitergegeben, wächst die Freude am Zusammensein, und das Zuhause hält zusammen und festigt sich immer mehr wie ein auf Fels gebautes Haus (vgl. Mt 7,24–25). Mögen die Hirten nicht ablassen, den Familien zu helfen, damit sie auf fruchtbare Weise in den Genuß des Wortes Gottes in der Heiligen Schrift kommen.

4. Durch die Kraft, die aus dem Gebet erwächst, verwandelt sich die Familie in eine Gemeinschaft von Jüngern und Missionaren Christi. In ihr wird das Evangelium empfangen und weitergegeben und in ihr strahlt es aus. Wie mein verehrter Vorgänger Paul VI. gesagt hat: »Die Eltern vermitteln nicht nur ihren Kindern das Evangelium, sie können dieses gleiche Evangelium auch von ihnen empfangen, und zwar als tief gelebtes Evangelium« (*Evangelii nuntiandi*, 71).

Wenn die christliche Familie das Vertrauen und den kindlichen Gehorsam gegenüber Gott, die Treue und die hochherzige Annahme der Kinder, die Sorge für die Schwächsten und die Bereitschaft zum Vergeben lebt, wird sie zu einem lebendigen Evangelium, das alle lesen können (vgl. 2 Kor 3,2), ein vielleicht überzeugenderes Zeichen der Glaubwürdigkeit, das imstande ist, die heutige Welt auf den Plan zu rufen. Sie soll ihr Lebenszeugnis und ausdrückliches Glaubensbekenntnis auch in die verschiedenen Bereiche ihrer Umgebung tragen, wie die Schule und die verschiedenen Vereine, und sich auch für die Unterweisung der Kinder im Glauben und die pastoralen Aktivitäten ihrer Pfarrgemeinde einsetzen, vor allem für jene, die mit der Ehevorbereitung verbunden sind oder in spezifischer Weise dem Familienleben gelten.

5. Wenn das Zusammenleben im Kreis der Familie zeigt, daß sich Freiheit und Solidarität gegenseitig ergänzen, daß das Wohl jedes Mitglieds dem Wohl der anderen Rechnung tragen muß, daß die Ansprüche strenger Gerechtigkeit offen sein müssen für das Verständnis und für die Vergebung zugunsten des Gemeinwohls, so ist es ein Geschenk für die Menschen und eine Quelle der Inspiration für das gesellschaftliche Zusammenleben. Die sozialen Beziehungen können in der Tat die grundlegenden Werte des echten Familienlebens als Bezugspunkt nehmen, um jeden Tag menschlicher zu werden und zum Aufbau der »Zivilisation der Liebe« voranzuschreiten.

Zudem ist die Familie auch die Lebenszelle der Gesellschaft, die erste und entscheidende Möglichkeit für ihre Entwicklung und oft die letzte Zuflucht von Menschen, deren Bedürfnissen die festgefahrenen Strukturen nicht nachkommen können.

Wegen ihrer grundlegenden sozialen Funktion hat die Familie ein Recht darauf, in ihrer Freiheit anerkannt und nicht mit anderen Formen des Zusammenlebens verwechselt zu werden; und sie hat auch ein Recht darauf, auf den notwendigen kulturellen, rechtlichen, wirtschaftlichen, sozialen und gesundheitlichen Schutz zählen zu können und ganz besonders auf eine ausreichende Unterstützung, die der Anzahl der Kinder und der verfügbaren wirtschaftlichen Möglichkeiten Rechnung trägt, um die Freiheit der Erziehung und die Wahl der Schule zu ermöglichen.

Es ist daher notwendig, eine Familienkultur und Familienpolitik zu entwickeln, die in organisierter Form auch von den Familien selbst gefördert werden soll. Ich ermutige euch daher, euch den Verbänden anzuschließen, die die Identität und die Rechte der Familie gemäß einem Menschenbild fördern, das im Einklang mit dem Evangelium steht, und ich lade diese Verbände ein, sich abzustimmen und zusammenzuarbeiten, damit ihre Aktivität wirkungsvoller ist.

6. Abschließend fordere ich euch alle auf, großes Vertrauen zu haben, denn die Familie hat ihren Platz im Herzen Gottes, des Schöpfers und Heilands. Für die Familie zu arbeiten bedeutet, für eine würdige und lichtvolle Zukunft der Menschheit und für den Aufbau des Reiches Gottes zu arbeiten. In Demut vereint erflehen wir die göttliche Gnade, damit sie uns helfe, engagiert und mit Freude für die edle Sache der Familie zu arbeiten, die dazu berufen ist, evangelisiert zu werden und zu evangelisieren, mensch-

lich zu sein und andere menschlicher zu machen. Bei dieser schönen Aufgabe begleitet uns mit ihrer mütterlichen Fürsprache und mit ihrem himmlischen Schutz die allerseligste Jungfrau Maria, die ich heute unter dem glorreichen Titel Unserer Lieben Frau von Guadalupe anrufe und in deren mütterliche Hände ich die Familien der ganzen Welt lege.

Danke.

Heilige Maria, die du mit dem Namen »Unsere Liebe Frau von Guadalupe« als Mutter der Männer und Frauen des mexikanischen Volkes und von ganz Lateinamerika angerufen wirst, in deine mütterlichen Hände legen wir – ermutigt von der Liebe, die du ausstrahlst – erneut unser Leben. Du, die du anwesend bist in den Vatikanischen Gärten, Königin der Herzen aller Mütter der Welt und unseres Herzens. Mit großer Hoffnung wenden wir uns an dich und vertrauen uns dir an.

Gegrüßet seist du, Maria,
voll der Gnade,
der Herr ist mit dir.
Du bist gebenedeit unter den Frauen,
und gebenedeit ist die Frucht deines Leibes:
Jesus.
Heilige Maria,
Mutter Gottes,
bitte für uns Sünder
jetzt und in der Stunde unseres Todes. Amen.

Unsere Liebe Frau von Guadalupe
bitte für uns.

Hinweise

DIE GOTTESMUTTER BEGLEITET UNS JEDEN TAG IN UNSEREM GEBET
Ansprache von Benedikt XVI. bei der Andacht zum Abschluß des Maienmonats, Dienstag, 31. Mai 2005 Lourdes-Grotte in den Vatikanischen Gärten

DIE MUTTERGOTTES VOM ROSENKRANZ
Angelus, Sonntag, 2. Oktober 2005, Petersplatz

IN DER SCHULE DER MUTTER – DER ROSENKRANZ JOHANNES PAULS II.
Angelus, Sonntag, 16. Oktober 2005, Petersplatz

DIE MUTTERGOTTES VON DER GÖTTLICHEN LIEBE
Ansprache von Benedikt XVI. nach dem Rosenkranzgebet, Montag, 1. Mai 2006, Besuch des römischen »Santuario della Madonna del divino Amore«

WO IMMER MARIA IST, DA IST AUCH JESUS
Ansprache von Benedikt XVI. zum Abschluß des Marienmonats Mai in den vatikanischen Gärten Lourdes-Grotte, Mittwoch, 31. Mai 2006

UNSERE LIEBE FRAU VOM ROSENKRANZ
Angelus, Sonntag, 1. Oktober 2006, Apostolischer Palast in Castelgandolfo

BLEIBT IN DER SCHULE MARIAS!
Ansprache von Benedikt XVI., Samstag, 12. Mai 2007, Basilika des Heiligtums von Aparecida

MARIA – VOLLENDUNG DER NÄCHSTENLIEBE
Andacht bei der Lourdes-Grotte in den Vatikanischen Gärten am Fest der Heimsuchung Marias
Ansprache von Benedikt XVI.,
Donnerstag, 31. Mai 2007

DIE KÖNIGIN VOM HEILIGEN ROSENKRANZ
Angelus, Sonntag, 7. Oktober 2007, Petersplatz

DER AUFTRAG VON FATIMA
Angelus, Sonntag, 14. Oktober 2007, Petersplatz

DER ROSENKRANZ ERFÄHRT EINEN NEUEN FRÜHLING
Rosenkranzgebet, Ansprache von Benedikt XVI.,
Samstag, 3. Mai 2008, Basilika Santa Maria Maggiore

VERTRAUENSVOLL AUF MARIA SCHAUEN
Abschluß des Marienmonats Mai, Worte von Benedikt XVI., Samstag, 31. Mai 2008, Petersplatz

MARIA, GLÄNZENDES TOR DES HIMMELS
Hl. Messe am Hochfest der Aufnahme Mariens in den Himmel, Predigt von Benedikt XVI., Freitag,
15. August 2008, Pfarrkirche »San Tommaso da Villanova«, Castelgandolfo

IM ROSENKRANZ LEIHT UNS MARIA IHR HERZ UND IHRE AUGEN
Lichterprozession, Predigt von Benedikt XVI.,
Samstag, 13. September 2008, Lourdes,
Notre-Dame, Esplanade du Rosaire

MARIA, STERN DER HOFFNUNG
Eucharistiefeier anläßlich des 150. Jahrestages der Erscheinungen, Predigt von Benedikt XVI.,
Sonntag, 14. September 2008, Lourdes, Prairie

ERWEISE DICH ALS MUTTER ALLER!
Angelus, Sonntag, 14. September 2008, Prairie, Lourdes

WEIL DU DAS LÄCHELN GOTTES BIST
Hl. Messe mit den Kranken, Predigt von Benedikt XVI., Montag, 15. September 2008, Lourdes, Vorplatz der Basilika

DER ROSENKRANZ: EIN EINZIGARTIGES GESCHENK MARIENS
Pastoralbesuch beim Heiligtum in Pompeji, Predigt von Benedikt XVI., Sonntag, 19. Oktober 2008, Vorplatz des Päpstlichen Heiligtums in Pompeji

DER ROSENKRANZ – SCHULE DER BETRACHTUNG UND DER STILLE
Pastoralbesuch im päpstlichen Heiligtum von Pompeji, Rosenkranzgebet, Meditation von Benedikt XVI., Sonntag, 19. Oktober 2008, Päpstliches Heiligtum von Pompeji

MIT KINDLICHEM VERTRAUEN
Jahresschlußgottesdienst im Petersdom mit Te Deum, Predigt von Papst Benedikt XVI., Mittwoch, 31. Dezember 2008, Petersdom

BEGLEITE UNS, HIMMLISCHE MUTTER DES ERLÖSERS!
Eucharistiefeier am Hochfest der Gottesmutter Maria und 42. Weltfriedenstag, Predigt von Benedikt XVI., Donnerstag, 1. Januar 2008, Petersdom

UNTER HIMMLISCHEM SCHUTZ
Botschaft von Benedikt XVI. an die Teilnehmer der Rosenkranzandacht anläßlich des VI. Welttreffens der Familien in Mexiko-Stadt, Samstag, 17. Januar 2009

So wird der Rosenkranz gebetet

Im Namen des Vaters + und des Sohnes und des Heiligen Geistes. Amen

Ich glaube an Gott, den Vater, den Allmächtigen, den Schöpfer des Himmels und der Erde,
und an Jesus Christus, seinen eingeborenen Sohn, unsern Herrn, empfangen durch den Heiligen Geist, geboren von der Jungfrau Maria, gelitten unter Pontius Pilatus, gekreuzigt, gestorben und begraben, hinabgestiegen in das Reich des Todes, am dritten Tage auferstanden von den Toten, aufgefahren in den Himmel; er sitzt zur Rechten Gottes, des allmächtigen Vaters; von dort wird er kommen, zu richten die Lebenden und die Toten.
Ich glaube an den Heiligen Geist, die heilige katholische Kirche, Gemeinschaft der Heiligen, Vergebung der Sünden, Auferstehung der Toten und das ewige Leben.
Amen.

Ehre sei dem Vater und dem Sohn und dem Heiligen Geist, wie im Anfang, so auch jetzt und alle Zeit und in Ewigkeit. Amen.

Vater unser im Himmel, geheiligt werde dein Name, dein Reich komme, dein Wille geschehe, wie im Himmel, so auf Erden.
Unser tägliches Brot gib uns heute. Und vergib uns unsere Schuld, wie auch wir vergeben unsern Schuldigern. Und führe uns nicht in Versuchung, sondern erlöse uns von dem Bösen. Amen.

Gegrüßet seist du, Maria, voll der Gnade, der Herr ist mit dir. Du bist gebenedeit unter den Frauen, und gebenedeit ist die Frucht deines Leibes, Jesus.
Heilige Maria, Mutter Gottes, bitte für uns Sünder jetzt und in der Stunde unseres Todes. Amen.

Nach »die Frucht deines Leibes« folgt jeweils:

Jesus, der in uns den Glauben vermehre
Jesus, der in uns die Hoffnung stärke
Jesus, der in uns die Liebe entzünde

Ehre sei dem Vater …

Die freudenreichen Geheimnisse

Vater unser …

Gegrüßet seist du, Maria …

Nach »die Frucht deines Leibes« folgt jeweils zehnmal:

1. Jesus, den du, o Jungfrau, vom Heiligen Geist empfangen hast
2. Jesus, den du, o Jungfrau, zu Elisabeth getragen hast
3. Jesus, den du, o Jungfrau, zu Bethlehem geboren hast
4. Jesus, den du, o Jungfrau, im Tempel aufgeopfert hast
5. Jesus, den du, o Jungfrau, im Tempel wiedergefunden hast

Ehre sei dem Vater …

Die lichtreichen Geheimnisse

Vater unser ...

Gegrüßet seist du, Maria ...

Nach »die Frucht deines Leibes« folgt jeweils zehnmal:

1. Jesus, der von Johannes getauft worden ist
2. Jesus, der sich bei der Hochzeit in Kana offenbart hat
3. Jesus, der uns das Reich Gottes verkündet hat
4. Jesus, der auf dem Berg verklärt worden ist
5. Jesus, der uns die Eucharistie geschenkt hat

Ehre sei dem Vater ...

Die schmerzhaften Geheimnisse

Vater unser ...

Gegrüßet seist du, Maria ...

Nach »die Frucht deines Leibes« folgt jeweils zehnmal:

1. Jesus, der für uns Blut geschwitzt hat
2. Jesus, der für uns gegeißelt worden ist
3. Jesus, der für uns mit Dornen gekrönt worden ist
4. Jesus, der für uns das schwere Kreuz getragen hat
5. Jesus, der für uns gekreuzigt worden ist

Ehre sei dem Vater ...

Die glorreichen Geheimnisse

Vater unser ...

Gegrüßet seist du, Maria ...

Nach »die Frucht deines Leibes« folgt jeweils zehnmal:

1. Jesus, der von den Toten auferstanden ist
2. Jesus, der in den Himmel aufgefahren ist
3. Jesus, der uns den Heiligen Geist gesandt hat
4. Jesus, der dich, o Jungfrau, in den Himmel aufgenommen hat
5. Jesus, der dich, o Jungfrau, im Himmel gekrönt hat

Ehre sei dem Vater ...

Vielfach ist es üblich, nach jedem »Ehre sei dem Vater ...« das Gebet zu sprechen, das die Seherkinder von Fatima 1917 empfangen haben: »O mein Jesus, verzeih uns unsere Sünden, bewahre uns vor dem Feuer der Hölle, führe alle Seelen in den Himmel, besonders jene, die deiner Barmherzigkeit am meisten bedürfen.« (Lat.: » O mi Jesu, remitte nobis peccata nostra, custodi nos ab igne inferi, attrahe omnes animas ad caelum praecipue illas maxime egentes misericordiae Tuae.«)

So wird der Rosenkranz in den romanischen Ländern gebetet:

Rosarium Beatae Mariae Virginis	**Der Rosenkranz der seligen Jungfrau Maria**
Oratio secundum intentionem Vicarii Christi. In nomine Patris et Filii et Spiritus Sancti. Amen. Salutis mysteriorum contemplatio. Deus, in adiutorium meum intende. Domine, ad adiuvandum me festina.	Gebet nach der Meinung des Stellvertreters Christi. Im Namen des Vaters und des Sohnes und des Heiligen Geistes. Amen. Betrachtung der Heilsgeheimnisse. O Gott, komm mir zu Hilfe. Herr, eile mir zu helfen.
Mysteria gaudiorum	**Die freudenreichen Geheimnisse**
Gloria Patri et Filio et Spiritui Sancto, sicut erat in principio et nunc et semper, et in saecula saeculorum. Amen.	Ehre sei dem Vater und dem Sohn und dem Heiligen Geist, wie im Anfang, so auch jetzt und alle Zeit und in Ewigkeit. Amen.

Pater noster, qui es in caelis,
sanctificetur nomen tuum,
adveniat regnum tuum,
fiat voluntas tua
sicut in caelo et in terra.
Panem nostrum quotidi-
anum
da nobis hodie,
et dimitte nobis debita
nostra,
sicut et nos dimittimus
debitoribus nostris,
et ne nos inducas in
tentationem,
sed libera nos a
malo.
Amen.

Vater unser im Himmel,
geheiligt werde dein Name.
Dein Reich komme.
Dein Wille geschehe,
wie im Himmel so auf Erden.
Unser tägliches
Brot
gib uns heute.
Und vergib uns unsere
Schuld,
wie auch wir vergeben
unsern Schuldigern.
Und führe uns nicht in
Versuchung,
sondern erlöse uns von dem
Bösen.
Amen.

Ave Maria,
gratia plena,
Dominus tecum,
benedicta tu
in mulieribus,
et benedictus fructus ventris
tui, Jesus.

Gegrüßet seist du, Maria,
voll der Gnade,
der Herr ist mit dir.
Du bist gebenedeit unter
den Frauen,
und gebenedeit ist die Frucht
deines Leibes, Jesus.

Sancta Maria, Mater Dei,
ora pro nobis peccatoribus,
nunc, et in hora
mortis nostrae. Amen.

Heilige Maria, Mutter Gottes,
bitte für uns Sünder
jetzt und in der Stunde
unseres Todes. Amen.

1. Incarnationis mysterium

Angelus Gabriel nuntiavit Mariae;
Maria concepit de Spiritu Sancto,
et Verbum caro factum est.

Pater noster ...
Ave, Maria ... (10mal)

1. Das Geheimnis der Menschwerdung

Der Engel Gabriel brachte Maria die Botschaft;
Maria empfing vom Heiligen Geist,
und das Wort ist Fleisch geworden.

Vater unser ...
Gegrüßet seist du, Maria (10mal)

2. Visitationis mysterium

Maria virgo Elisabeth visitat et magnificat Dominum (s. o.)

2. Das Geheimnis der Heimsuchung

Die Jungfrau Maria besucht Elisabeth; sie hochpreist den Herrn.

3. Nativitatis mysterium

Jesus in Betlehem nascitur.

3. Das Geheimnis der Geburt

Jesus wird in Bethlehem geboren.

4. Praesentationis mysterium

Jesus in templo praesentatur.

4. Das Geheimnis der Darbringung

Jesus wird im Tempel dargebracht.

5. Inventionis mysterium

Puer Jesus de eis, quae Patris ipsius sunt, sollicitus.

5. Das Geheimnis des Wiederfindens

Der Knabe Jesus ist besorgt um das, was seines Vaters ist.

Mysteria lucis

Gloria Patri ...

1. Baptismatis mysterium
Iordane in flumine Jesus a Joanne baptizatur, et Spiritus super eum descendit.

2. Nuptiarum in Cana mysterium
Jesus aquam in vinum commutat propter Mariae intercessionem.

3. Proclamationis regni dei mysterium

Jesus adventum Regni Dei nuntiat et ad conversionem hortatur.

4. Transfigurationis mysterium
Jesus in Monte Tabor transfiguratur.

5. Eucharistiae mysterium
Jesus in Coenaculo Eucharistiam instituit, Corpus et Sanguinem suum nobis donans.

Die lichtreichen Geheimnisse

Ehre sei dem Vater ...

1. Das Geheimnis der Taufe
Im Jordan wird Jesus von Johannes getauft, und der Geist kommt auf ihn herab.

2. Das Geheimnis der Hochzeit in Kana
Durch die Bitte Mariens verwandelt Jesus Wasser in Wein.

3. Das Geheimnis der Verkündigung des Gottesreiches
Jesus verkündet die Ankunft des Gottesreiches und mahnt zur Bekehrung.

4. Das Geheimnis der Verklärung
Jesus wird am Berg Tabor verklärt.

5. Das Geheimnis der Eucharistie
Jesus setzt im Abendmahlssaal die Eucharistie ein, indem er uns seinen Leib und sein Blut reicht.

Mysteria Passionis	Die schmerzhaften Geheimnisse
Gloria Patri …	Ehre sei dem Vater …
1. Agoniae mysterium Jesus in horto Gethsemani orat.	**1. Das Geheimnis der Todesangst** Jesus betet im Garten Gethsemani.
2. Flagellationis mysterium Jesus flagellis caeditur.	**2. Das Geheimnis der Geißelung** Jesus wird mit Geißeln geschlagen.
3. »Ecce homo«-mysterium Jesus spinis coronatur.	**3. Das »Ecce homo«-Geheimnis** Jesus wird mit Dornen gekrönt.
4. Viae Crucis mysterium Jesus Cruce oneratus Calvariae locum adit.	**4. Das Geheimnis des Kreuzweges** Jesus geht, mit dem Kreuz beladen, zur Stätte von Kalvaria.
5. Mortis mysterium Jesus in Cruce moritur; stabat iuxta Crucem Jesu Mater eius.	**5. Das Geheimnis des Todes (Jesu)** Jesus stirbt am Kreuz; bei dem Kreuze Jesu stand seine Mutter.

Mysteria Gloriae

Gloria Patri ...

1. Resurrectionis mysterium
Jesus a mortuis resurgit.

2. Ascensionis mysterium
Jesus caelos ad Patris Gloriam ascendit.

3. Missionis Spiritus Sancti mysterium
Spiritus Paraclitus supra Discipulos descendit.

4. Assumptionis Beatae Mariae Virginis mysterium
Assumpta est Maria in caelum.

5. Glorificationis Beatae Mariae Virginis mysterium
Maria virgo in caelis Regina coronatur.

Die glorreichen Geheimnisse

Ehre sei dem Vater ...

1. Das Geheimnis der Auferstehung
Jesus steht von den Toten auf.

2. Das Geheimnis der Himmelfahrt
Jesus steigt zum Himmel empor in die Herrlichkeit des Vaters.

3. Das Geheimnis der Sendung des Heiligen Geistes
Der Heilige Geist kommt als Beistand über die Jünger.

4. Das Geheimnis der Aufnahme der seligen Jungfrau Maria
Maria ist in den Himmel aufgenommen.

5. Das Geheimnis der Verherrlichung der seligen Jungfrau Maria
Die Jungfrau Maria wird zur Königin im Himmel gekrönt.